亲密关系沟通

掌握情感中的沟通规律

王 妃 / 著

中国商业出版社

图书在版编目（CIP）数据

亲密关系沟通：掌握情感中的沟通规律 / 王妃著. ——北京：中国商业出版社，2022.1

ISBN 978-7-5208-1867-4

Ⅰ.①亲… Ⅱ.①王… Ⅲ.①恋爱心理学—通俗读物Ⅳ.①C913.1-49

中国版本图书馆CIP数据核字(2021)第221719号

责任编辑：侯 静 杜 辉

中国商业出版社出版发行

010-63180647　www.c-cbook.com

(100053 北京广安门内报国寺1号)

新华书店经销

香河县宏润印刷有限公司印刷

*

710毫米×1000毫米 16开 14.25印张 215千字

2022年1月第1版 2022年1月第1次印刷

定价：58.00元

* * * *

（如有印装质量问题可更换）

前言
Foreword

在女人的一生中，男女关系、婚恋关系都占据着重要地位。张爱玲说过这样的话："女人一辈子讲的是男人，念的是男人，怨的是男人，永永远远。"但是，很少有女人会真正关注男人的内心世界，只要一提到男人，都会立刻蹦出这样一些话：

我真是瞎了眼，怎么找个你这样的。

你个窝囊废，要你有什么用？

我肯定是十八辈子都没干好事，才会嫁给你！

地球没有你照样转，别觉得自己多了不起。

……

其实，男人坚强的外表下也有不可触碰的心理禁区，你的口无遮拦，只能给男人带来伤害，把他越推越远。

恋爱时，我们要考察彼此的三观是否合、品格是否好、原生家庭是否好；结婚后，我们看重夫妻相处之道，不要太含蓄，可以用些善意的谎言……生活在新时代的我们，比以往任何时候都重视婚恋关系，可是，当我们都在追求美满的婚恋时，婚恋的满意度和质量却在不断下降，尤其是居高不下的离婚率，让我们不得不怀疑，结婚的意义是什么？不结婚是不是会更好？

过去，车马走得很慢，书信距离很远，人们一生只爱一个人；如今，交通的速度变快了，交流也更加容易，少了等待和煎熬，有的人对爱情却失去了真诚，离婚率更是逐年飙升。

2020年因为新冠肺炎疫情很多人被隔离在家，这让平时忙碌的我们有了停下来休息的理由，有了陪伴对方的时间。按照正常逻辑，陪伴时间越多，感情就越好，可结果呢？这段时间的相处，却让更多人发现了对方身上的不足。有关数据统计显示，自2003年以来，中国离婚率已连续17年上升；2020年各省离婚率出炉，全国离婚率接近40%。也就是说每10对夫妻结婚，同时就会有4对离婚。离婚的主体是年轻夫妻，占离婚夫妻总数的45%。

面对着一路走高的离婚率，倾听众多婚姻困惑者的烦恼，我们不得不思考：

结婚究竟是为了什么？

难道结婚就是奔着离婚去的？

恋爱中，没有发现彼此的问题，难道所有的问题都是在婚姻中爆发的？

谈恋爱时，就没有好好观察对方，难道真是自己"瞎了眼"？

……

前言

为了摆脱单身,亲朋好友们想尽办法,可是,谁能想到,在婚姻这座围城里,有多少人会十分怀念单身时的日子!一人吃饱,全家不饿;周末假期,四处玩乐……面对婚姻带给我们的疲累,很多人不禁要问:婚姻,究竟给我们带来了什么?

男女结婚,并不是为了自虐,但真正走入婚姻后却发现,柴米油盐的普通日子居然能让我们遍体鳞伤。

婚姻越来越难,原因何在?

只顾自己。出生于20世纪八九十年代的年轻人,很多都是独生子女,崇尚个性,不懂让步,不愿谅解,我行我素;享受了爱情的甜蜜后,组建了新的家庭,吵闹和分歧也就成了家常便饭;争对错,论输赢,谁也不服谁,谁也不让谁,最后只能分手。

渴望太多。现代社会,物质生活极为充裕,我们对婚姻的要求从解决生存问题转为实现个人成长。我们渴望在婚姻中获得热烈的爱情、温暖的陪伴,要求伴侣不仅是情人,更是知己、亲人。可是,期望越大,失望越大。

没有成长。有些女人总会抱怨,说丈夫在结婚后变得冷淡了,对她不如结婚之前好。其实,不是丈夫变了,而是经过婚姻的洗礼,丈夫实现了自身成长,心理更健康了。这时候的你如果依然在原地踏步,变本加厉地向丈夫索取,两个人就很难继续走下去。

心理空虚。房贷、车贷、育儿、养老等生存压力,柴米油盐等日复一日的枯燥重复,让我们的内心一片荒芜,期盼得到外部的滋补。有了物质要爱情，有了安稳要激情，结果毁了三观，丢掉了节操，无下限的婚外情更是泛滥成灾。

其实，在婚恋关系中，没有太多的是非对错，更多的是同与不同。

婚恋关系，讲究的是沟通与和谐，强调的是"我们"，而不是孤独的"自我"。

只有男女双方都卸下心理防备，用最平常的心态来相处，不断磨合，才能长久地生活在一起。

任何关系都不是完美的，不充实自己的内在，无论离几次婚，都于事无补。

提高婚恋中的情商，增强自身的能量，是我们都需要做的功课。

感觉稍纵即逝，最不可靠，任何婚恋关系，都不可能靠感觉走到最后。

婚恋，不能仅凭感觉来判断。

妄想坐享其成，只是你我的一厢情愿。按部就班，无法收获美好的婚恋。

婚恋，需要用心经营。

王 妃

2021年7月8日于杭州

目录 Contents

第一章　脱单：摆脱一个人的烦恼 /1

　　我的男朋友在哪里 /2

　　我要怎么表明单身 /7

　　第一次见男生该怎么做 /11

　　谈恋爱就像推销产品 /15

　　怎么说，才能让他继续约你 /19

　　当爱情的火苗快要熄灭时 /23

　　提示："剩女"是怎么炼成的 /27

第二章　约会：给爱情一个美好的开始 /33

　　第一次约会的注意事项 /34

　　让你的身体代替你说话 /38

　　他想聊些什么 /42

　　当他问到你情史时应该怎么回答 /46

　　不降低身价的联系他 /50

太想他了怎么办 /54

提示：会说话等于高情商吗 /58

第三章　恋爱：初次进入亲密关系 /63

异地恋如何锁住他的心 /64

关系的秘密藏在昵称里 /68

情侣之间的专属玩笑 /72

女人会撒娇，男人更宠爱 /76

既要分手，又要体面 /80

别轻易接他的电话 /85

提示：为什么会有大男子主义的男人 /89

第四章　进阶：身份转变的起始 /93

锁定男生的最后一招 /94

情侣之间的吵架秘诀 /98

从打开他的好奇心开始 /103

他听到这些话会兴奋 /107

那些让他自信心爆棚的话 /111

在一起了，为什么还不能直言不讳 /116

提示：男人眼中的女人是什么样的 /120

第五章　婚姻：不只是一个仪式 /125

我跟他性格不合怎么办 /126

蓝色的耳朵与粉色的嘴巴 /129

目 录

没错，我就是一个小女人 /134

有时候太含蓄并不是一件好事 /138

对不起，我不要 /142

有"谎言"的婚姻才真实 /146

提示：在男人眼中，什么是性 /150

第六章　经营：婚姻就是一份事业 /155

和男人沟通什么时候效果最好 /156

你可以悄悄比他优秀 /160

把情话的功效放大100倍 /164

为什么男人不喜欢被比较 /168

男人的敏感话题有哪些 /172

你的这句话击中了他的要害 /176

提示：你的婚姻不一定适合你 /180

第七章　维护：当彼此间出现嫌隙时 /185

究竟谁应该先认错 /186

你们总是在说不同的话 /190

这个时候，最好别联系他 /195

千万别深度解读男人的话 /199

打破"聊不下去"的僵局 /204

他在说另外一件事情 /209

提示：好先生就没有暴力基因吗 /214

第一章
脱单：摆脱一个人的烦恼

我的男朋友在哪里

为什么很多女生一直处于单身状态？

要想找到答案，需要先分析一下她们是不想找男朋友，还是找不到男朋友？

如果是前者，就纯粹属于个人主观因素，我觉得一个人生活挺好、很自由，有很多时间和精力去做自己想做的事情；或者我还有很多愿望没实现，不希望有人来打扰我。如果是后者，除了主观因素外，还有一定的客观因素，不是我不想找，而是我找不到。

现实生活中，很多女生面临着这样的问题：由于工作的原因，我几乎认识不到男生，那该怎么办呢？

当你意识到这个问题时，说明你已经迈出了谈恋爱最重要的一步：我想要谈恋爱。这意味着，你已经产生了想要改变现状的想法，接下来就是该如何行动。

有些女生的思想相对保守，对于恋爱和情感问题避之不及，更不愿主动谈及。其实，大可不必如此。首先你要明白：谈恋爱是一件光明正大的事情。

第一章
脱单：摆脱一个人的烦恼

在合适的时间、合适的地点遇到合适的人，是人生最幸福的事情。追求幸福是人类的本能，无论你的外表、学历、家庭背景和成长环境如何，你都有追求幸福的权利。因此，你完全可以大胆地说出这五个字：我想谈恋爱。

相信我，没有人会笑话你！

接下来的问题是：你该从哪里找男朋友呢？

"我总不能遇到一个男生就问：'我想跟你谈恋爱，你愿意吗？'且不论对方是否愿意，这对自己也是不负责任的。"

没错！在跟一个男生确定恋爱关系前，最好先对他有一个大致的了解。

想想，你对哪些男生已经有了一定的了解呢？答案是你身边的男生。

你可能会说："兔子还不吃窝边草呢！我怎么能向身边的人下手呢！"

或者说："我身边的男生并不是非常优秀，不然他们怎么没有吸引到我？"

但实际情况是：很多女生最后都和身边的男生结婚了，那些一见倾心的情况只是少数，而且分手率极高。

原因是，第一次见面时，你们只看到对方的表面。随着相处时间的增加，自身的缺点就会慢慢暴露出来，而在没有感情基础的前提下，你们很难静下心来跟对方沟通，只会站在自己的立场上指责对方。久而久之，彼此之间的好感度就会降低，直至吸引力消失。

当然，这种局面并不是无法挽救的。聪明的女生都会利用沟通来降低双方的"矛盾值"。这在后续的文章中会进行深入探讨，这里就暂时不继续展开了。

接下来分析第二个问题。为什么你会觉得身边的男生没有吸引力？

不知你是否意识到这样一个现象：人们对陌生人的态度往往比身边的亲人友好。究竟为何？从心理学上分析，我们与身边的亲人相处时间较长，容易积累负面情绪，在沟通的过程中会无意识地产生抵触心理；相反，我们与陌生人没有任何交集，负面情绪为零，更容易进行沟通。

同样的道理，我们往往会认为身边的男生一点儿也不优秀，很难对他们产生心动的感觉，而对陌生的男生更容易心动。

确实是身边的男生太普通了吗？不是。真正的原因是：你没有发现他们身上的魅力。

因此，不如换一种心态去面对身边的男生。

掏出手机，将男生的联系方式（手机号码、微信等）删除。这样，就会给自己一种暗示：我跟他们已经没有联系了。之后，如果你想跟他建立联系，就直接去找他。从某种意义上来说，这也是给自己创造了一次约会的机会。

如果你对身边的男生不感兴趣，不妨试试扩大朋友圈。朋友圈就是男友的孵化池。

你可以参加一些聚会，可以吃饭，可以K歌。在这个过程中，你会认识更多的男生。

你可能会说："我并不了解他们的性格和背景，第一次见面，就把他们列入交往对象名单，是不是太草率了？"

的确有些草率！不错，正因为如此，才有必要将他们放进"孵化池"

里孵化一段时间。度过了这段考察期,再建立联系。这时候,最恰当的方式是,加他们的微信,通过他们的"朋友圈"了解他们的生活状态,并建立初步的认识。记住:千万不要表现出太强的目的性,用平常心面对这件事就行,不要太着急。

急于求成,你的语言就会充满攻击性。为什么很多人会被相亲吓跑?因为这个时候男女双方的目的性都很强,语言攻击性也很强,说不定哪一句话就伤到了对方或者被对方所伤。比如:

女生问:"你每个月收入多少?有房有车吗?将来有什么打算?你不会只想做个打工仔吧?"

男生问:"你多大年纪了?身高多少?体重多少?平常化妆吗?"

当你将自己的目的隐藏起来时,关注点就会局限于这些事情上。这样,反而会增加胜率。

最后,再次提醒一下:你的身边也有优质男生,擦亮眼睛,好好挑选一下吧!

相关链接

为什么我会爱上他?

很多女生都有这样的疑问:为什么这个男生会让我心动?为

什么我第一眼看到他，就觉得特别亲切，特别有魅力？

在医学上有一个名词叫"多巴胺"。对于这个词，大家也许并不陌生，知道它可以让自己产生愉悦感，知道它是心动的来源。可是，为什么只有碰到他时，才会产生多巴胺，而面对其他人就不会？

孩童（3~10岁）时期，我们都会将自己喜欢的、感兴趣的事物糅合起来，储存在潜意识中，比如，什么样的人会骂我、什么样的人会对我好、什么样的人笑起来好看等。最终，脑海里就会形成"潜意识铭记"。

成年后，潜意识铭记就会形成一张意识图片，成为我们选择另一半的标准，其中包含许多条规则。如果遇到一个人，而这个人恰好满足这些预定的规则，他就会与意识图片相融合，我们的大脑就会判定他是自己喜欢的人。

第一章
脱单：摆脱一个人的烦恼

我要怎么表明单身

当今社会，社交网络是人们生活的核心，与我们的生活密不可分。"朋友圈"的兴起就是铁证。任何人都可以将自己的生活状态发表到社交软件上，成为社交圈的主角。但是，"秀恩爱"的人常见，"秀单身"的人却不多。

单身的女生经常会遇到这种情况：明明你是一朵无名娇花，可周围的人总以为你已经名花有主。这种错觉会让你在不知不觉中错失结识未来男朋友的机会，千万不要认为宝藏是需要别人主动挖掘的，也不要认为自己太过主动会失去神秘感。要知道，即使是再珍贵的宝藏，也需要凭借一张藏宝图来为寻宝人指点迷津。因此，你要告诉自己：主动表明单身是一个诱饵。它有利于吸引追求者，为走上美好的爱情路做好铺垫。

既然表明单身是必要的，那么我们应该如何表明单身呢？

众所周知，男生与女生的思维方式大不相同。男生的思维往往比较直接简单，多数时候，女生的暗示起不了明显效果。例如，当女生告知男生自己生病时，得到的回应往往是"多喝热水"。男生总是以目标为导向，无法理解女生的那些"隐晦"的需求。因此，女生在表明单身时最好要清晰、明确一些。

通常来说，女生需要表明单身无非有两种情况：一是在没有心仪对象时，给予他人机会；二是有心仪对象，向对方表明心意，即所谓的交往暗示。显然，无论是面对哪种情况，矜持的你都不可能直接对着世界大喊："我是单身，快来追我！"

清晰明确地表明自己单身是一门艺术。为了掌握这门艺术，你首先必须这样告诉自己：单身并不可怕，可怕的是缺乏表达方式。

得当的表达因人而异，可以是旁敲侧击的暗示，也可以是幽默搞怪的直抒。

要想将暗示做到含蓄内敛却又不失热情，往往可以借用一些歌词、诗句或文章来传递自己想要表达的信息。不过，值得注意的一点是，不要选择太过晦涩难懂的内容，否则容易适得其反，让人不知所云。

例如，你可以借用网络原创歌曲《寄芸》的歌词"无人与我立黄昏，无人问我粥可温"来表明单身；也可以化用诗句"众里寻他千百度，谁会在灯火阑珊处"来抒发自己对恋爱的渴望。这类表达方式既可以含蓄地传达出自己的单身状态，又不失唯美的意境。

当然，除了这种方式，也可以选用活泼的方式。比如，幽默搞怪总能快速吸引他人的眼球。俗话说：好看的皮囊千篇一律，有趣的灵魂百里挑一。如果你本就是一个幽默有趣的人，完全可以将有趣的一面展露给别人，用你的灵魂当"诱饵"，吸引对你有兴趣的异性。

在表达单身时，你完全可以拿自己打趣，甚至"自黑"。例如，看到朋友或者明星公布恋情时，可以自嘲一句："我这条单身狗又有狗粮吃了。"

还可以借用商家的"第二个半价"营销广告,在朋友圈里发布状态:"为了半价,我一人吃俩。"

但是,千万别用讽刺的语气嘲讽他人。比如,"隔壁的胖成猪的妞妞都有男朋友了,我什么时候也能有?"嘲讽是人际交往的雷区,无论如何,对他人进行言语攻击都是傲慢且无礼的行径。当潜在对象看见你发表类似这种言论时,势必也会对你望而却步。

初步领悟表达单身技巧后,你可能还会掉入另一个陷阱——絮絮叨叨。为了避免它,你应该:拒绝反复强调自己是"单身狗"。

整日"吃狗粮"的悲愤纵然激烈,摆脱单身的渴望纵然强烈,但是你也不必时时刻刻在朋友圈里发泄这种情绪,更不要频繁地将那些千篇一律的话语挂在嘴边。否则,你留给他人的印象将会是矫揉造作、多愁善感的。试想一下,若你的朋友圈里出现了这样一个人,她每日必定刷屏,发泄自己的"忧愁"——

喝个小酒就得放上一张单人份的酒杯图片,附上一句:"月下独酌,无人陪伴。"

在路上看见卿卿我我的情侣,便要抒发一下自己的悲愤,说:"光吃'狗粮'都吃饱了。不知道什么时候有人和我一起发'狗粮'?"

工作疲惫,便附上一张自拍,写道:"什么时候也有人和我一同分担苦乐。"

下班回到空无一人的家,也要发个朋友圈抒发一下内心空虚寂寞之情。

……

相信，你多半都没有激情想去认识她、了解她了。同时，你还会觉得这个人无所事事、无病呻吟、避之不及，哪里还有欲望去认识她呢？显然，不一定表露得越多就越能吸引他人。要知道，表明单身重质而不重量。量的增长只能让人疲劳，甚至让人对你失去好奇心。适时适量才是最好的剂量。

总之，学不会表明单身，就会将恋爱机会拒之门外。

相关链接

气味恋爱学知多少？

跟外貌与性格比起来，一个人的气味在恋爱吸引里发挥的作用更大。人类学家海伦·费雪在对人体气味进行研究后提出："假设你不喜欢某个人的气味，就会倾向于选择拒绝他；相反，只要喜欢上某个人的气味，你就会爱上这个人。"这也是所谓气味恋爱。

其实，每个人身上都会有一种特定的味道。这些味道或许很容易被生活中的其他味道掩盖，但是，一旦失去了这种掩盖，人体的气味就会对周围的人产生吸引或排斥。

无独有偶。芝加哥大学大脑与生物学院主任克林特克曾对气味做过实验。结果表明，气味可以帮助人们寻找异性，并对异性的喜恶倾向产生一定影响。这也是为什么在同样的环境内，有些人总是更受他人喜爱的原因。

第一次见男生该怎么做

在生活节奏越来越快的今天，争分夺秒是许多年轻人的真实写照。在这种大环境下，"相亲"这种高效、快速的恋爱模式也就成了不少单身女生的不二选择。不过，即使如此，很多人却连第一次会面都没能处理好，遑论后续的发展。之所以会发生这种情况，在很大程度上是因为许多人对相亲持有负面态度：有些人认为这种快餐式的恋爱不值得用心经营，有些人觉得相亲意味着自己被"剩下"，对相亲避之不及。

这种敷衍、草率的态度会让一段美满姻缘夭折在初见阶段。所以，站上相亲的门槛前，你要先告诉自己：相亲也是一种寻求缘分的方式，它值得你用心对待。

意识到这一点时，也就给自己开了个好头。但是，破除了心理壁垒后，如何做好又是另一回事了。据研究表明，第一印象对人际交往有着深远的影响。尽管第一印象不一定完全正确，但不可否认的是，它带来的影响总是最显著、最长久的。这就是心理学上所讲的"首因效应"。也就是说，在初见时如果能给对方留下深刻、美好的第一印象，你们后续的发展将会顺利很多。

那么，女生究竟该如何打造完美的初见，给对方留下美好的第一印象呢？

首先，要知道美好的第一印象是这样构成的：

合眼缘 + 高情商会聊天 = 美好的第一印象

在日常生活中，我们经常能听到男生这样描述自己心中的另一半——合眼缘。没错！很多时候，男生就是视觉型动物，他们对一个人的第一印象的评判标准往往基于外在条件。当然，或许你会拿出一万个理由来反驳这个观点。但是，不妨请你摒弃偏见，客观地来看待这个事实——无论男女，在深入了解和相处之前，对一个人进行评价和总结的最基本的依据就是外在条件。

当然，这里的外在条件并不是要求每个女生都拥有沉鱼落雁、闭月羞花的容颜，但至少要求女生在准备与男生见面时能够对自己稍做打扮。相信，在初次见面时，任何人都不希望看到一个蓬头垢面、不修边幅的对象。

不过，在打扮时，千万不要过于浮夸。例如，有的女生为了表示重视，在见面那天特地穿上性感暴露的服装并化了浓妆。结果，初次见面的男生不仅对她的打扮没有好感，反而感到异常尴尬。不可否认，这个女生确实花了心思，认真打扮了一番，但是，她的打扮并不合时宜，男生对她的好感度会因她过于浮夸的打扮而大打折扣。因此，初次见面，女生只要适当化上淡妆、衣着得体整洁大方即可。

另外，别忘了：细节决定成败！

第一次见面，在你观察对方时，对方也在观察你。

在这种情况下，双方很容易发现潜藏在彼此细节里的小瑕疵。比如，

第一章
脱单：摆脱一个人的烦恼

当他对你绽开笑颜时，你却一眼就看到了他牙齿缝里的菜叶，问问自己，你的内心是怎样的感觉吧。同样，在肢体接触时，对方看到了你指甲缝的泥屑、肩上的头皮屑，内心的抵触情绪也是不言而喻的。

不要把这种悉心打扮等同于刻意讨好，聪明的女人不会让这种心态误导自己。因为，初次见面前，认真准备，打扮自己，既是对对方的尊重，也是对自己的尊重。

过了合眼缘这一关，下一个挑战就是：如何做一个高情商、会聊天的人。

众所周知，两个人初次见面最忌讳，但也最容易发生的就是冷场。一旦冷场，局面就会变得尴尬、生硬。这时候，如果你是个高情商、会聊天的人，即使不清楚对方的喜好和兴趣，也可以聊聊天气、交通、餐厅等话题，以便给对方留下深刻且美好的印象。

为了引起对方的兴趣，你还可以适当说一些相关的小趣事、无伤大雅的小糗事。例如，"最近的天气总是很多变，上次和同事分别出去办事，最后在客户那里相遇时，我们一个带着遮阳伞，一个带着雨伞。场面倒是有趣得很！"

当然，在聊天过程中，可以尝试留些小疑问让对方回答。对方回答得越多，你收集到的信息也就越多，后续聊天也能更好地进行下去。

总之，不要急着直奔主题，否则，你的急切会通过言语一丝不差地传达给对方。目的性太强的聊天，总是让人难以放松，聊天氛围越轻松，越能缓解彼此紧绷的关系。

相关链接

一见钟情确实存在吗?

"两个陌生人只因一眼而爱上彼此"听上去是一件非常不可思议的事情,但是,据日本某网站统计,人类的确能在8秒内对一个人动心。原因就在于,人类的扁桃体会将自己过往因为种种体验产生的或喜欢或讨厌的情感体验储存下来,这样就为未来的瞬间判断奠定了基础。这种判断往往是下意识的,也可以称为"直觉"。

当一个人因直觉而喜欢上一个人后,出于心理的归因本能,内心就会为自己的这份"莫名其妙"的悸动寻找原因,逐步发现对方的美好,继而进一步加深他内心的悸动。"一见钟情"就是这样产生的。

同时,有相关数据表明,在平均离婚率高达50%的美国,一见钟情的两个人的离婚率仅为20%。换言之,"一见钟情"不仅存在,还可能成为我们获取幸福婚姻的捷径。

茫茫人海中,遇到一个能让你一见钟情的人不容易,要珍惜!

第一章
脱单：摆脱一个人的烦恼

谈恋爱就像推销产品

两情相悦是一件甜蜜又幸福的事情，特别是当两人确立情侣关系后开始的"浪漫史"更是充满温馨。但事实上，女生焦虑的源泉并未改变——无论是恋爱前还是恋爱后，女生都希望自己能够牢牢地吸引对方。

其实，谈恋爱从某种意义上说，就像是推销产品。

为什么这样说呢？因为谈恋爱也是一个涉及吸引力的问题。男生往往会因为你独特的吸引力而同你确立关系。但谁也不能保证在以后的生活中，他不会产生免疫力。因此，要像推销产品一样，一点一点抓住男生的胃口，将自己推销出去。

通常情况下，推销产品首要的条件便是：了解对方的需求。

只有清楚地了解男生的需要，才能有的放矢，否则只能是对牛弹琴。

许多女生会有这样的疑问：如果太宠男生，会不会太给他面子了？会不会让他变得自大，甚至让他觉得我离不开他？

其实，诸如"只能男生讨好女生""要女生照顾的男生都是养不大的孩子"等想法是自私的。男生与女生一样，也需要别人的在意和照顾。所以，女生想要吸引男生，就一定要让他有归属感，让他觉得你不同于其他女生

的地方是在于你能满足他的情感需求。比如,你可以尝试这样做:

在他因为事业遭受挫折而感到无助时,你要安抚他慌乱的心绪,告诉他:"没关系的,眼前的挫折是一时的。前路总是光明的,我会为你加油哦!"

在他事业风生水起时,你要提醒他、告诫他:"我也很为你高兴!不要骄躁,要脚踏实地。"

在他生病卧床时,一句嘘寒问暖也是爱的表现。

当然,在没有明确建立情侣关系前,千万不要"越级"做女朋友该做的事情,更不能以女朋友自居。要知道,现阶段你的一切关心都只是商品的小样。任何销售员都不会将自己的主推产品当作赠品白白送给他人。

同时,在满足男生的需求时,也要考虑到自己的底线,不能为了他奉献出自己的所有。聪明的女生绝不会为了别人而触碰自己的底线。如果男生威逼你打破底线,就要好好考虑一下:他的人品是不是有问题?

其次,推销产品时,最重要的莫过于:展示优点,体现魅力。

许多女生轻信网络上类似"你爱我,就要包容我所有的缺点,不然你就配不上爱我"的言论,在现实生活中,往往会提前将自己的缺点暴露在对方面前,希望以此验证:我对你的喜欢是不顾一切的!可是,这种直接且冲动的行为往往会把男生吓跑。

两个人之所以能在茫茫人海中相知,并产生爱意,多半都是因为被对方的优点所吸引。刚开始产生好感的两个人,对方都会有少许"夸大"的幻想或者赞美。如果男生对你还抱有"女神"的观念,你却一股脑儿地把所有的缺点倒在他头上,无异于在自己胸前挂了一个牌子,上面写道:"我不像你说得那么好,快点接受我的缺点,不然我们就掰了。"如此,不仅会打碎男生对你的好感,男生还会因为一下子接受太多缺点而厌烦你,结果可想而知。

所以,想要捉住男生的心,就要先用优点作诱饵,将他吸引上来,之后再慢慢告诉他,其实你也有缺点,只不过,与这些小缺点相比,你的优点更吸引人一些。

当然,这不意味着你可以对自己的缺点视而不见,更不能抱着男生一定会接受你的缺点的心态。如果你有一个致命的缺点,而这个缺点正好能盖过所有优点的光芒,就要努力改变自己的缺点。不过,改变自己并不是将自己完全塞进男生理想型的模子,而是慢慢将自己变得更好。

性格方面的缺陷通常都无法立刻改变,也没必要太在意,但类似懒惰、邋遢等生活陋习,完全可以在男生还没发现之前就改掉它们。

此外,我们还要明白一点:让他习惯你,等同于你拥有了他。

从学术角度来说,习惯是一种制约效应,即当人体不断接收某一刺激后,会做出相同的反应。如果刺激足够多,人们会在无意识的情况下对该刺激做出持续不断的无意识反应。这个效应同样也能用于人际交往。

在生活中,要想让男生离不开你,最重要的就是让他习惯你。一旦他习惯了你的体温、气味和声音,你的忽然离开就会使他变得无所适从,甚至想百般挽回。

养成习惯并不是难事,比如,每日一句"早安""晚安",不定时的甜点零食等,让他适应你的存在,让他习惯生活的每一天都有你,感受到你的温暖，某一天你忽然没了音讯，他才会火急火燎地去关心你。

如果一个男生只在需要你时出现，感到无聊时想找人聊天，他也没有多爱你。

男生对女生的依赖与亲密度有关，然而亲密度又与日日的紧密相处相连。这不是一蹴而就的事情，即使是玩游戏也需要整天同非玩家互动，才能提升好感。男女关系又何尝不是这样呢？

相关链接

为什么坠入爱河后，女生总会感到焦虑呢？

刚刚坠入爱河的两个人通常会表现出一种患得患失的焦虑情绪。有时候，女生很有可能会因为一次小小的争论而焦虑得难以入眠，严重者还总会觉得男生随时可能抽身而去。其实，这种不安、焦虑的情绪都要"归功"于人体内的血清素。

那么，血清素究竟是何方神圣呢？血清素是一种神经递质，对人类的情绪有着巨大影响。从医学角度来说，它有利于抑制焦躁、抑郁等不良情绪。在男女双方刚刚坠入爱河时，他们体内的血清素含量会下降，继而出现易怒、焦虑、疲劳等不良反应。不过，并不会对人体健康造成太大的影响。等到彼此熟悉对方后，这些不良反应就会逐渐消失。

怎么说，才能让他继续约你

跟互有好感的人相约游玩，如果你对男生的印象不错，多半都会期待着男生的下一次邀约。如果，久等的邀请迟迟不来，你就会陷入一种悲伤的情绪，会认为对方并不喜欢你。

这种情绪在潜意识中，会或多或少地影响你接下来的表现。如果让你变得悲观被动，就不利于你们接下来的相处。所以，如果对方没有主动约你，千万不要妄自菲薄，毕竟男方不约你不一定是因为不喜欢你。

为了让男方继续约你，最重要的一点就是——让他感觉你对他有兴趣，并想继续下去。

第一次约会过后，男生还积极地同你聊天，你就能在心底认为自己已经成功了一半。这时候，你完全可以乘胜追击，主动表明对他的良好印象，给男生一个"她对我感觉还不错，我成功的机会很大"的认知。其实，有时候男生不再约你，可能是你第一次约会表现得太过拘谨，让他误以为你对他并不来电。

要想让对方觉得你对他有兴趣并继续约你，你可以——给予对方明示或者暗示。

如果他不主动约你出去，你完全可以把握主动权，成为约会的主导者。

当然，多数女生还是希望男生是主动者。如果想让男生继续约你，而你自己又不想太过主动，就可以给予男生一些"明显"的暗示。这是因为，男生的思维模式都是直接型的，太过隐晦的暗示可能很难对他们发挥作用。所以，女生的暗示最好"直截了当"一点。举个例子，女生可以利用一些活动作为诱饵，如："最近××游乐场出了情侣票，好便宜啊！我好想去哦！"又或者："我想看×××这部电影，可听说×××这部电影适合情侣看。"

通常情况下，多数男生都希望自己能够掌握主导权，当他们看懂了你的暗示后，就会明白——你对他很来电，并认为你在激励他继续约你出去。这时候，想做主动者的他们便会付诸实践。

此外，你还可以——积极主动地回应他的话题。

聊天最怕的事情就是你讲了一大堆，而对方就只回应"嗯""哦""对"。同样，当一段关系处于暧昧阶段时，你的这种回应也会将男生拒之门外。这样的回应既不是矜持，也不是含蓄，只会让男生感受到你的不耐烦，让男生误以为你对他不感兴趣。

如果不想主动找他，当他抛出一个话题时，作为被动的一方，你就要牢牢抓住这个机会，积极且恰当地回答，让人眼前一亮，推动男生对你进行下一步攻略。然而，在畅聊时要有所保留，不要将自己所有的事情都告诉对方，要为自己保留一份神秘感。若男生的问题是寥寥几句，你也不可长篇大论，否则会将男生吓跑。反之，若他精心编辑了较长的话题，你也不能只回复三言两语，否则，男生会觉得你不重视他。

当然，如果实在想不出如何暗示，可以运用下面这道公式：

对于话题 = 你的看法 + 为什么 + 期待与暗示

比如：

男生问："你都喜欢什么类型的电影呀？"

女生答："恐怖片吧！（看法）能让我感觉很刺激。（理由）虽然挺害怕的，但如果有人陪，就不怕了。（暗示）"

男生问："你喜欢什么运动呀？"

女生答："跑步吧！（看法）可以锻炼我的肺活量。（理由）不过一个人跑步总是有些无聊。（暗示）"

这种回答给男生预留了约你的空间，就是一种好的暗示。

此外，较为积极的女生还可以采取主动攻势，创造话题，激励男生邀约。

若不想成为被动者，你也可以尝试掌握先机。与男生聊天时，可以聊些男生喜欢的话题，比如，篮球、足球、游戏等，让他们感受到你的热情与兴趣。久而久之，他们便会觉得你们有很多共同语言，你是一个适合继续约会的对象。

但是，在开始时一定不要询问太隐私的问题，比如，你有过几个女朋友呀？为什么分手？即使有些男生会如实回答，也可能会觉得你强势，认为你在还没开始恋情时就要掌管他们的私生活。记住，用力过猛，反而会让手里的东西滑出去。因此，女生创造话题时要把握好其中的度。

不过，若是第一次约会后，男生对你不理不问，你就要擦亮双眼，重新判断一下你对这个男生的感情,既然他对你没有兴趣,你也就不必煞费苦心地经营这场交流。

相关链接

恋爱中的"墨菲定律"

①害怕得不到的,越有可能得不到。

如果你喜欢一个男生,为了讨他欢心,可能会对自己所有的聊天内容都进行精心编辑。面对他提出的话题,你总是积极回应。尽管如此,你依然担心他看不上你,害怕他不喜欢你。这种情况会导致你过于紧张,甚至失去信心。一直抱着这种消极心态,你整个人就会萎靡不振,自乱阵脚,甚至还可能为了吸引他而去做一些不讨喜的事情,反而将男生越推越远。

②害怕失去的,就越有可能失去。

处于暧昧关系中时,你很爱对方,也很害怕对方不再喜欢你、离开你。这种患得患失的心情会影响你在关系建立前的种种表现,你会变得多疑、控制欲强;每时每刻你都想查看男生的行踪,查看他的通信录,看看他有没有出轨的迹象。可是,你越想困住、捉牢男生,他往往会飞得越远。女生的这些行为会压迫男生,直到他们喘不过气来。一个想控制,一个想反抗,最终导致矛盾爆发,爱情也会随之远去。

当爱情的火苗快要熄灭时

许多人都有过类似的经历：还没熬过暧昧期成为情侣，爱情的火苗已经先一步熄灭了。

其实，从暧昧期转变为情侣关系也要经历两个阶段——激情期、冷淡期。只有平安度过这两个时期，两人才可能确认情侣关系。同样，当初见的激情褪去，两个人的生活轨道渐渐偏离，就会变得似乎无话可说，甚至有些厌烦对方。如果男生对你态度冷漠，即使你的心里已经为他保留了一席之地，也会怀疑自己的爱是否还需要继续。

当你感觉爱情的火苗就快要熄灭时，请不要对你的爱情产生怀疑，因为冷淡期是男女生由暧昧期转入情侣关系最重要的阶段。

在吃糖块时，我们总会有这样的感觉：一开始最甜腻，含在嘴里久了，就渐渐品尝不出原来的甜味了。爱情同样如此。初步建立暧昧关系的两个人是最甜蜜的，甜言蜜语、海誓山盟，仿佛整个世界都是对方的。可是，一旦双方相处久了，渐渐习惯了对方的存在，就会慢慢地把那层甜腻褪去，觉得索然无味；之后，就会发现对方的缺点，开始嫌恶对方的行为。他对你冷漠，你以不管不问作为回应，两个人似乎到了岔路口，且越走越远，是否要正式确立情侣关系成了最令人纠结的问题。

其实，暧昧期间的冷淡期和热恋期一样，仅仅是男女关系中最平常的部分，不要因为他的冷漠而觉得他对你的爱变质了，除非有确切的证据。多数成功度过冷淡期的男生女生，都会携手进入恋爱中最甜蜜的热恋期。

现实往往不尽如人意，许多恋情都会在冷淡期夭折，更不用说走到曾经许诺的天荒地老。为了维护冷淡期的暧昧关系，女生可以这样做：加强沟通，别让话堵在心里。

处在不太愿意说话的冷淡期，有些女生会把愤怒变成一股闷气，憋进肚子里，认定男生"罪不可恕"。当男生反过来哄你时，却闭口不言，对他的行动毫无反应。男生哄不动了，就会觉得你不可理喻，反而引发矛盾的升级。

沟通是一服良药，它几乎对任何关系都有效，暧昧关系也不例外，特别是处于冷淡期的人。这个阶段的男女生，犹如炸药桶，矛盾似火药一般全都填充到了桶里，等到忍无可忍时，一旦炸药桶被引爆，就会造成大面积的伤害且无法挽回。

既然对他有不满，为何不把问题搬上台面？如果他能改，自然皆大欢喜；如果他改不了，一定存在其他原因，不妨问清楚。如果你实在忍无可忍，不如就此放手，没必要暗藏埋怨委屈自己。

不过，值得注意的是，沟通不是指责。沟通是心平气和地坦诚双方的缺点，并寻求解决方法；而指责是一边倒地责怪对方。加强沟通不是让你在吵架中如倒豆子一般将男生的缺点全部搬出，比如，邋遢、不求上进、

第一章
脱单：摆脱一个人的烦恼

不爱做家务，或者说他欠了你多少钱、吃饭不请客……自己则摆出一副高高在上、什么错失都没有的样子。这种行为比缺乏沟通更可怕！它会让男生觉得你是一个斤斤计较、记仇的人，从而对你望而生畏。

除了加强沟通，女生还要知道的是——不要尝试用"在一起"来威胁你的意中人。女生絮絮不止地指责男生："我们还没在一起呢，你现在就这样对我了。如果在一起了，怎么办？"大有一副如果你不改正，我就不会和你在一起的态度。

男生感受到了女生的意思，很不满意，一字一顿地回复女生："你也知道我们还没在一起！"当这句话说出来，女生立刻被噎住了。

其实，这个女生的目的很容易理解，就是想用"在一起"来刺激男生，希望他改正自己的错误。但她的做法确实令人不敢恭维。用"在一起"来威胁男生，跟在恋爱中用"分手"来威胁男生一样消极。或许一次两次可以奏效，但久而久之，会给男生留下"你并不珍惜这段感情"的印象。如此一来，男生也会变得不珍惜。

暧昧时就陷入冷淡期，确实令人遗憾，也非常危险。这段时期，男生女生的关系非常薄弱，彼此没有明确意义上的关系纽带连接，冷淡期也就成了暧昧通往情侣关系最关键的节点。其实，女生只要好好把握这段时期，完全可以扭转冷淡关系；忽视了这一点，结局可能会朝另外一个方向发展。

相关链接

为什么我们渴望拥抱？

当心仪的对象站在你的面前时，你的心里会产生一种强烈的想去拥抱的冲动，为什么？这完全是本能使然。

研究表明，这一切都要归功于催产素。男女生之间的拥抱可以刺激大脑释放催产素，就是所谓的"拥抱激素"。它能通过肢体的接触令彼此感觉到亲密，巩固双方感情。

相见时，彼此体内会分泌大量的催产素，激起进行亲密行为的欲望。而在性爱过程中，男女生体内的催产素分泌量会达到巅峰。催产素含量上升时会释放出其他激素，这些激素可以延缓衰老、增加魅力、释放压力，还能促进细胞重生。从这个意义上来说，适当的亲密行为能帮助男女生得到一定的满足感，改善心情。

提示:"剩女"是怎么炼成的

到了适婚年龄,女生的婚嫁问题很容易成为"七大姑八大姨"的关注焦点。

当某一天某人将超过二十七岁仍然保持单身的女生归为"剩女"时,平地顿时惊起一声雷,在关心女生婚恋状况之余,大家都不忘提醒女生:"小心被剩下。"

其实,"剩下"这个词很微妙。因为,它往往意味着多余。"剩女"这个词给单身女生带来的压力感可想而知。不少单身女生在表示无所谓之余,往往又不由得扪心自问:"我被剩下了吗?"其实,女生大可不必为"剩女"这个词耿耿于怀,在纠结是否被剩下时,不妨转变一下问法问自己:是我想剩下,还是被剩下?

"想剩下"和"被剩下"是两个全然不同的概念。"想剩下"的女生往往是自主选择单身。原因可能是暂时没有遇到合心意的人,或者是享受一个人的自由。这些理由都成立,因为在爱情开始之前,"想剩下"只是一个人的事。

"被剩下"的女生又是如何"被剩下"的呢?这也是许多不甘当"剩女"

的剩女最关心的问题。

一个资深剩女曾问我:"为什么我会被剩下呢?明明我的要求并不高。"

我问:"那你的要求是什么?"

她回答:"没有要求,只要合心意就行了。"

这就是问题的症结所在。比起那些目标明确——诸如"我要钓金龟婿""我要高富帅""我要温柔体贴""我要有房有车"——的剩女,这类"没有要求"的剩女反而更难脱单。

因为,她们很可能自己都不知道自己想要什么。不知道自己想要什么,提出的要求可能就会非常严苛。因为,她们追求的多半是幻想中的完美伴侣,甚至有些人会这样说:"我想要罗密欧与朱丽叶般至死不渝的爱情。"可是,现代社会并没有那么多"至死不渝"的机会。失去了"死亡"的标杆,所谓的"至死不渝"的爱情又要以什么为标准?连自己都不明确自己的择偶标准是什么,"被剩下"就在所难免了。

没有明确的标准,自然就很难有目标进行择偶。就像日常生活中常见的一个笑话一样——

男生问:"你想吃什么?"

女生答:"随便。"

男生问:"那我们吃鱼好不好?"

女生答:"我不吃鱼。"

男生问:"那我们吃粉面好不好?"

女生答:"我不喜欢粉和面。"

……

如果,将对话里的提问换成择偶标准,对话会变成这样:

问:"你有什么择偶标准?"

答:"随便。"

问:"×××怎么样?"

答:"不喜欢。"

问:"那××呢?"

答:"没感觉。"

这种对话在生活中很常见,但往往都是无效的!因为,世界那么大,人那么多,想让别人帮没有标准的你筛选出所谓的"合心意"的对象,他们不可能把每个人、每个细枝末节都罗列一遍,久而久之,这类女生就修炼成了"剩女"。可是,她们可能自己都不知道,她是被自己剩下,而不是被别人剩下。

要想摆脱"剩女"的困境,最重要的就是知道自己想要什么。有了明确目标,挑选意中人时才能更容易、更明了。不过,确定目标也不是一件容易的事情。既然如此，就先从罗列"不能接受的"标准开始吧。人们可能不知道自己想要什么，但没有人会不知道自己不想要什么。

当然，在罗列标准时，首先要明确自己的定位。正所谓"人贵有自知之明"，古代所说的"门当户对"其实也适用于现代。因为，从本质上来说，婚恋也是一种交换模式。你在择偶时，男生也在择偶，符合你所设立的"高标准"的男生的标准自然也不会低。

既然已经走出了"被自己剩下"的困境，就不要让自己走进高不成低不就的"被别人剩下"的困境。如果实在不知道自己的标准，学会排列优先级也是一个不错的方式。

在审视自己的标准时，你要对各个标准有一定了解，知道什么才是最重要的，什么是次要的，什么是必要的，什么是一定不能接受的，什么是勉强可以接受的。在审视中，你会不断成长。

不过，无论怎样，千万记住：底线不能丢！"剩下"不可怕，可怕的是你在不知不觉中选择了将就。不甘心，又无能为力，才是最可怜的。

相关链接

生活中会有罗密欧与朱丽叶吗？

罗密欧与朱丽叶之间的凄美爱情故事在心理学上被称为"罗密欧与朱丽叶效应"。据心理学家德斯考尔对青年人恋爱的考究发现：父母或长辈对于青年人爱情的阻挠，在一定条件下不仅不起作用，反而会提升青年人爱情的韧性，让这对青年人爱得越发激烈与热切。但值得一提的是，当一段婚姻出现强大干扰时，结局总会以悲剧收场。

这种现象并不是爱情的专属，现实生活中很多地方也会发现类似的现象，即人们总会把越难成功的、越难获得的事情放在心目中重要的位置，同时它们的价值也会越高。正所谓："得不到的永远在骚动，被偏爱的都有恃无恐。"

第二章
约会：给爱情一个美好的开始

第一次约会的注意事项

第一次约会是开始或错过一段恋情最关键的时期。约会时，只要给对方留下不好的第一印象，对方就会对你的兴趣尽失。良好的第一印象有助于彼此进一步的交流互动。那么，第一印象为什么那么重要呢？

因为，第一印象往往决定着我们在对方心里的形象。一般情况下，个人的谈吐、形象等都会影响对方对你的第一判断。

"第一印象效应"告诉我们：个人在第一次交往中给别人留下的印象会永远在对方的头脑中占据主导地位。因此，许多女生为了将自己最完美的一面展现给第一次见面的他，就会费尽心机。

注重第一印象，首先要从外表入手。注重外貌的人并不是虚幻的、肤浅的，因为在面对不熟悉的人时，唯一能让他对你做出评价的只有皮囊，任何人都不可能奢求一个刚刚认识的人能够立刻读透你灵魂深处的善良与有趣。

有些人将希望寄托于"日久生情"，然而"日久"的前提则是不给男生留下深刻的坏印象。因此，需要从外表做起，为塑造良好的第一印象而努力。即使没有闭月羞花、沉鱼落雁的外貌，但最起码也要对容易改变的东西进行改造，比如，外在装饰、精神面貌等。

第二章
约会：给爱情一个美好的开始

俗话说："人靠衣装马靠鞍。"改善外观、提升魅力的关键还在于合身的服饰。合身并不意味着流行。很多时候，"网红款""百搭款"不一定就适合你。要想找出最适合自己的衣服，还需要了解自己的气质。如果你是清纯少女系，就可以选择简约的小白裙、田园风套装等；如果是成熟御姐系，可以选深色干练的衣服，来衬托自己的气质。

为第一次约会挑选衣服时，最好挑选日常款。如果你想给男生留下美好的印象，也可以打扮得特殊一点。但是，不管怎样，"奇装异服"绝不能出现在你的约会服饰清单里。此外，第一次约会时，尽量不要选择太暴露的装扮。

除了服饰，妆容也很重要。如果你平时很少化妆，约会当天就不要一时兴起给自己画个大浓妆。因为，在技术不娴熟的情况下，浓妆艳抹反而容易弄巧成拙。所以，为了安全稳妥，最好不要踩雷区。记住，在不熟悉的情况下，最好、最得体的妆容非淡妆莫属。

其次，言语表达也占了十分重要的位置。第一次约会选择的话题不要太隐私，以免触犯他人的禁忌。在网络上，总会有男生吐槽相亲的女生，一见面就问对方诸如"你有没有车啊？""你有没有房啊？""月薪多少？"等问题。他们口中的女生就是活生生的反例。

既然是第一次约会，至少说明彼此在之前有过了解，男生的信息你不一定不知，但是你所知道的并不能弥补你想知道的，因此有些女生才会一开始就询问隐私问题。例如，女生对男生的情史很感兴趣，便追问男生："有多少女生喜欢过你呀？"或者"你有过几个女朋友呀？"这种主动攻势太具侵犯性，会让男生感觉隐私遭受侵犯，从而对你望而却步。所以，即使你对他感到好奇，也不能在双方都不熟悉的情况下询问隐私问题。

跟对方讨论话题时，有一点还要注意，即讨论你喜欢的，不要讨论你不喜欢的。原因在于，当你对一个厌恶的事物进行"言语讨伐"时，并不知道男生是不是这个事物的拥护者，很可能会出现尴尬的一幕——当你热切地批评黑咖啡又苦又涩又不好喝时，男生冷不防来一句："是吗？我觉得挺好喝的。"根据这种意见分歧，男生就会联想到性格不合或口味不合，继而担忧如果以后和你在一起会没有合适的话题。

此外，肢体语言也是我们要注意的方向。肢体语言的力量往往比口头语言更强大，一个小动作便能暴露你的心理活动。

有些女生在紧张时会不经意摸摸鼻子，或者坐立不安。试想一下，如果你的约会对象一边听你说话，一边摸头发、挠脸颊、摸鼻子，你会有什么感受？你会觉得对方似乎不耐烦，似乎不在意你的话语。

无意义的小动作会给你的约会印象减分，女生要努力克制，让自己的举止大方一些。

相关链接

日久生情究竟是怎么一回事呢？

所谓的日久生情可以用一个心理学上的名词来解释——多看效应。它是指人类对越熟悉的东西越喜欢的心理现象。

20世纪60年代，心理学家查荣茨通过一次实验证实了这一点。这次实验的主要材料是照片，有些照片向参加实验的人出示了二十多次，而有些只展示了一两次。之后，实验家们让参加者说出自己最喜欢的照片。结果他们发现，参加者更加偏爱展示次数较多的照片，而不是只看了一两次的照片。也就是说，看的次数增加了喜欢的程度。

多看效应不仅可以应用在恋爱中解释日久生情的现象，还可以运用在日常生活中。例如，你本来觉得某人其貌不扬，甚至有些反感，可是如果见到他的次数变多，你也会渐渐习惯他的存在，甚至还会忽略他外貌上的缺点。

让你的身体代替你说话

很多时候，交流不一定只能通过语言的方式进行。在人类的交流中，语言成分仅占7%，剩余的93%可通过肢体语言和外貌进行表达。可见，肢体语言虽然是无声的，却在人际交往中发挥着重要作用。在交流过程中，有些语言无法表达的内容用一个小小的举动便可以传达给对方。

肢体语言同样适用于男女生交流。要知道，在沟通过程中，呆板的坐姿、拘束的肢体动作都是扣分项。虽然一些男生喜欢女生拘谨害羞的样子，但是，如果你一直保持拘束的肢体动作，很容易让男生觉得无趣！毕竟，动态的女生往往比静态的更有灵气。如果你能让自己的身体说话，与男生交流将会事半功倍。不过，在此之前，你要先了解，自己做什么动作最迷人。

通常情况下，男生对女生撩头发的动作毫无抵抗能力。这是因为，在许多男生看来，女生撩头发的动作含蓄而美好。

研究表明，女生面对喜欢的男生时，总会下意识地撩一撩自己的头发，露出纤细的脖子。这个动作完美展示了一个女生温柔含蓄的一面，男生对这种行为更没有免疫力。

只是，撩头发的次数要适宜。过多类似的举动往往适得其反，容易给男生留下一种轻浮的印象。

当然，也不能忘了沟通中最有力的武器：微笑。日常生活中，微笑是最常见的肢体语言，也是最简单的表达善意的方式。相信没有人会否认：爱笑的女生能用温暖的笑容融化社交的寒冰。

如果不了解自己最美好的动作是什么，如果始终觉得自己举手投足太拘束，平时就要多照镜子，多练习，快速找到最合适的肢体语言。值得注意的是，千万不要"东施效颦"般地模仿他人的动作。要知道，适合自己的动作才是最美的动作。

举个例子，有的女生自幼练习舞蹈，腰肢柔软，能做出一些姿势优美的舞蹈动作，看起来令人赏心悦目；但是对于那些四肢较为僵硬的女生来说，做出这类舞蹈动作往往难上加难，反而容易落得"画虎不成反类犬"，招人嘲笑。与其如此，倒不如多做适合自己的动作。

当然，在与男生交流的过程中，还可能出现另一种情况——你对他没有任何感觉，也不希望深入发展。这时候，最好收敛起你丰富的肢体语言。因为，很多时候，男生不一定能从你委婉的言语间读懂你的意思。这时候，适当用肢体语言拉开你们的距离也是不错的选择。

举个例子，你可以尝试避开视线接触。有些女生之所以会避免与男生进行视线接触，可能是因为害羞，但是如果在一段对话中，女生一直都没拿正眼瞧男生，就有可能是要表现出自己的冷漠与不耐烦了。

或者，你也可以频繁地更换坐姿。试想一下，你们双方在讨论事情，他在座位上坐立不安，仅坐姿就换了好几种，你就会觉得他已经感到不耐烦了，不再想听你啰唆。同理，如果你不再想听某人唠叨，也可以试试这个方法。

你还可以尝试频繁交叉双腿。因为，双腿交叉通常表示抵触和不赞同。关于这点，《如何像读书一样读人》一书中提到："当有一方谈判者双腿交叉时，则双方很难达成协商。"从心理学角度看，一个人会不自觉用双腿交叉来表示自己在精神、情感和身体上的封闭，这也意味着他很少会在谈判中让步。其实，不只是谈判，在人际交流中更明显。当有人朝你跷二郎腿或交叉双腿，你会感受到他的高傲或者不满，如果你不喜欢一个人，也可以以这种姿态去面对他。

此外，你还可以尝试交叉双臂。这个动作，很容易给对方一种不信任、提防的感觉。早在远古时代，人类的祖先就已经学会利用物体的庇护来保障自己的安全，遭受猛兽的追击时，他们会躲在岩石后面。后来，人类学会制造盔甲来保护自己。如今，我们在日常生活中不需要盔甲，也没有野兽来追我们，但是，为了提升安全感，掩饰内心的恐惧，依然会习惯性地在胸前交叉双臂。面对不喜欢的人，采取抱臂姿势，对方就能明显感受到你的不信任以及提防，知难而退。

相关链接

模仿对方的动作能让彼此关系更亲近？

在人类日常交流过程中，有一个有趣的现象——谈话的双方会不经意地模仿彼此的行为：如果对方抿嘴，你也会下意识地抿嘴；如果对方抖腿，你也会下意识地抖腿。这种模仿会加深双方的亲近感，使对话能顺利地进行下去。

荷兰内梅亨大学的玛里勒尔·斯特尔教授对此进行过研究，他发现，当我们模仿对方的表情符号时，我们能了解到对方的情绪，更能感同身受。如此，就能拉近彼此的距离，就像我们阅读小说，当看到主人公因为悲伤的事情皱眉时，我们也会情不自禁地皱起眉头一样。

无数事实证明，这种行为上的模仿能使我们体会到对方的情绪，拉近双方的距离，使彼此的关系更加亲密。

他想聊些什么

现实中有这样一种情况：有些女生很受男生欢迎。只要他们在一起聊天，总是欢声笑语，反观自己却总是很难跟男生聊得来。其实，确实有很多女生不善于跟男生聊天。而这一切，可能和聊天时说话的方式和内容有关。

当你取得心仪男生的微信或者任何联系方式时，接下来要面对的关卡是，怎样开启话题和怎样继续话题。

想要顺利地和男生聊好天，首先要采取恰当的说话方式——在和男生聊天时要表露出自信的一面。

毋庸置疑，每个男生都喜欢自信的女生。要知道，自信的女生会发光。所以，在聊天时不要支支吾吾，先将要进行的对话在头脑中组织一遍；同时，说话时尽量直视男生，与他进行适量的眼神接触。

当然，虽说自信的女生最美丽，但也不能太过"自信"了。这里的"太过自信"指的是，在整场聊天中女生完全是主场，男生只能偶尔插上一两句。记住，这是聊天，不是演讲。要想提高聊天效果，就要以对方的兴趣为出发点，想办法让男生成为主导。如果可以，最好用简单的一两句话抛出他感兴趣的话题，引导他发言。在接下来的时间，你只要认真倾听，顺便给

第二章
约会：给爱情一个美好的开始

他几句回复即可。

值得注意的是，文字沟通相较于面对面沟通有一定局限性，适当加入一些口语化的语气词可以让你更有魅力。例如，女生发出"我在吃饭"和"我在吃饭呀"会给男生不同的感觉，后者会显得更加可爱、更加亲近一些。

那么，什么样的话题是男生感兴趣的呢？要想找到他感兴趣的话题内容，你应该——了解对方，投其所好。

如果你同他有共同的好友，更便于了解对方。如果没有，男生的朋友圈就是一个很好的切入点。通过这些途径，你可以了解男生喜欢的事物，比如，他喜欢的运动、球星、游戏、电影等。当然，仅知道他喜欢什么还不够，在开始聊天之前，还要做些准备工作，比如，上网搜索一下某位球星的信息，或者试玩一下某款游戏。这样，在聊天中，你就能与他讨论，创造更多的话题。

其次，你可以多多赞美男生。在聊天中，如果男生提起自己的辉煌事迹，你可以表现出崇拜的模样，夸奖他，让他感受到你对他的欣赏与赞同，比如，"很不错！""很棒！"等就是标准的赞美用语。总之，女生要利用"蜜糖陷阱"来让男生主动沦陷——告诉他，你被他的魅力深深吸引了。

但是，太多的赞美会变成奉承。女生要只发表有意义的赞美，不能男生发什么，你都"点赞"。比如，男生对你说"今天吃了黄焖鸡米饭"，你却没头没尾地来一句"好棒"，容易使男生误会你在敷衍他，留下不好的印象。

再次，要让对方习惯同你聊天，嘘寒问暖必不可少。如果不知道通过什么话题来开启新一天的交流，可以用简单一句"早安"来问候他，或者查看一下今日的天气情况——下雨时,提醒男生记得带伞;酷热时,提醒男生记得防晒。久而久之,对方就可能习惯你的"早安""晚安"来伴随他起床。长久下来,你成功撩到男生的概率就大幅度增加了。

最后,要注意避开与男生聊天的雷区。聊天的雷区因人而异,以下几点只作参考,具体操作则需要你对对方有所了解。

如果你面对的是一个"钢铁直男",在聊天时,最忌讳的话题莫过于——平时你与闺密聊的东西。比如:

女生问:"你觉得豆沙红好看,还是珊瑚红好看?"

这时,"钢铁直男"就会百般不解地问道:"不都是红色吗?"

对"钢铁直男"来说,口红色号和化妆用品简直是天外来物,同他们聊这些,无异于自踩雷区,很容易抽光他们聊天的欲望。最后你会发现,对方聊着聊着就音讯全无,不再热切地回复你的话题了。

还有,你可以和男生开玩笑,但是要看准场合。无伤大雅的玩笑有利于提振对方的心情,增进彼此的交流。但是,并不是所有事情都适合开玩笑。例如,如果男生告诉你他喜欢玩某款游戏,而你却用半开玩笑的语气说他不务正业:"玩游戏又不能当饭吃。"虽然你是在开玩笑,但是男生并不会这么认为。要知道,有些男生十分忌讳别人拿他的兴趣爱好开玩笑,甚至会觉得你是在嘲讽他。

此外,与男生聊天时,永远要问能得到开放性回答的问题,而不是那些答案非 A 即 B 的问题。比如,你问男生"在像今天这种晴天里你都喜欢干什么?"要比"今天天气是不是很好呀?"好得多,你能得到更多的回复,掌握更多的男生喜好。

相关链接

在黑暗中交流更能给人安全感?

在社交中,有一个奇怪效应——黑暗效应,即在一个黑暗的环境里,约会的双方会更有安全感。

主要原因就在于,在具有光线的社交场所里,人们会因过度的暴露而感到不安,因此,要规范自己的言行举止,对自己形成保护,避免错误的穿着与言论给对方留下不良印象。而黑暗的环境提供,会给交往的双方创造一次心灵交流的机会——既不用在意外表对他人造成的视觉干扰,也不用在意自身行为对他人的影响。

黑暗的环境相当于一层保护空间,可以保护交流的双方不会因为身份、地位的不同而遭受压迫或者歧视。黑暗中人们对长相、身份的辨别能力减弱,更倾向于平等地交流,因此这场交流更加贴近心灵。

此外,人们的情绪也会受光线的影响。接受大量光照,人的情绪会变得激烈,更容易做出过激反应;相反,光线昏暗的场所,则是人们情绪的镇定剂。

当他问到你情史时应该怎么回答

对于男女生来说,情史问题是一个亘古不灭的难题——选择坦白,害怕对方嫌弃;讳莫如深,则体现不出自己的诚意。不过,抛开对这个"难题"的偏见,我们都必须承认的是,当一个男生问及女生情史时,他很可能对这个女生有意思。询问情史是想了解她,并掌握她的更多信息。

在面对这个问题时,女生要谨慎回答。因为男生对你的印象有相当大的概率会受情史的影响。

那么,女生在被问及情史时,应该怎么回答呢?

你可以坦白相告,但要有技巧。通常情况下,情史较少的女生不必太过担心,完全可以如实回答。当你如实、不遮掩地回答这个问题时,男生也能感受到你的真诚。不过,如实回答时,你要适当运用一个小技巧——将发生在青春期的恋爱归为"年少不懂事"。

比如,你可以这样回答:"我的恋爱经验不多,也就两次而已,并且都是在青春期。那时候根本就算不上是谈恋爱,只是学生之间的'过家家'。但是长大了就不一样了,毕竟知道谈恋爱是一件很重要的事情。"

而对于情史丰富的女生来说,则要慎重采用坦白回答的方式。因为男生大多是"小气鬼",你暴露了自己情史较多的事实,他们很容易被你丰富的情感经历吓跑。对此,你可以选择:委婉绕开,不正面回答。

这种回答方式并不要求女生假扮自己为"恋爱菜鸟",因为这种谎言很容易被人识破。一旦被识破,男生对你的印象会更糟糕。与其冒着被打上"不诚实"的标签的风险欺瞒对方,还不如避重就轻地回答。这就要求女生做到,不直接回答男生所问的次数问题,转而选择一段最深刻的恋情来说。如此,既不会让男生的提问落空,又可以巧妙地避开次数问题。通常情况下,当你简单介绍了自己上段恋情的情况后,男生很少会继续追问你的情史。

举个例子:

男生问:"你谈过几次恋爱呀?"

女生答:"我上次恋爱是在×××时。我和前任在一起×年了,不过,最后我们还是因为××而分开了。"

听到这种回答后,男生对情史问题的注意力会得到一定转移。这时候,你就要趁热打铁,不动声色地改变聊天话题。等到话题被转移后,男生往往很难再重新向你提出情史问题,你也能够躲过这个令人难以启齿的问题了。

不过值得注意的是,对自己上段恋情进行解释时,细节能省就省,说个大概即可,不宜太过详细。

完全可以用"我和前任是同学关系,最后因为××选择了和平分手"

这样一句简简单单的话概括带过。描述太过详细，会让男生觉得你还沉浸在上段恋情中无法忘怀。并且，当男生进一步询问你前男友的信息时，你也最好一笔带过，不要详细介绍。你的这种态度会告诉男生：对于从前发生的恋情，你已经放下了，再也不会回顾。如此，就能给男生一个安心的理由。

在你讲述了自己的情感经历后，如果男生仍坚持询问你的恋爱次数的情况，至少代表对方对你的情史问题十分好奇，也十分重视。此时，就不能再委婉回避了，否则会给男生留下扭捏、故意隐藏的印象。这时，你可以采用两种回答方式：

一、正面坦白回答，感叹年少不懂事。具体回答方式可以参考前面所说的将发生在青春期的恋爱归为"年少不懂事"。

二、扭转被动局面，简单回答后反将一军。你可以打趣地说："我的情史也就那么几段。我已经诚实地回答了你的问题，现在是不是该说说你的情史了？"如此，不仅有助于促进男女生之间的相互了解，还可以让男生的单方面提问变得更具互动性。

你表现得越发落落大方，对方对你情史的疑虑和顾虑越会大大削减。

当然，聪明的女生在回答完情史后，一定会表达自己抛弃过去、珍惜现在的决心。因为，很多时候，男生也需要承诺来抚慰。这时候，你可以对男生说："在那段感情里，我已经尽力了。所以，现在毫无遗憾。"也可以说："过去已经过去，未来的男朋友才是最重要的。"

虽然学会回答情史问题很重要，但也不用太过担心，因为只要答得好，它对决定是否开始一段恋情毫无影响。要知道，爱情最美好的状态需要有足够的信任和诚实来维护。

相关链接

为什么初恋最难忘？

在许多男女生的回忆中，总有这样一个特殊存在——他/她虽然不完美，却承载着我最独一无二的甜蜜记忆。那就是初恋。以至于在之后的日子里，无论交往过多少男朋友/女朋友，有过多少爱情经历，都无法忘却自己的初恋。

这一切都可以归因于一个心理学效应——契可尼效应。西方心理学家契可尼通过实验得出了一个结论：人们总是对半途停止、待完成的事情印象深刻，反而极易忘却那些已经完成的事情。例如，在一场考试中，记得最清楚的往往是那些做不出来或者做了一半的题目。对于那些轻而易举就能解答出来的考题，你或许连题目都不记得了。对初恋的怀念同样如此。对许多人来说，初恋是中断的、未完成的爱恋，更加记忆犹新，难以忘却。

初恋往往发生在情窦初开的年纪。那时我们对恋爱抱有唯美的想象，我们青涩娇羞地尝试着恋爱的果实，一切"罗曼蒂克"在我们眼里都是新奇的、美好的。也因此，我们会将初恋的感觉珍藏起来，并视为珍宝。

不降低身价的联系他

在爱情这场游戏里，多数人认为，主动者应该是男生，女生应该是被动的一方。如果女方太过主动，就会失去作为女生的矜持与自尊，如此，男生可能就不会再珍惜你了。其实，这只是陈旧的观念。在当今社会，女生主动联系男生，并不会丢面子，更不意味着没自尊，反倒能传达给男生你的心意。

爱是相互的，你主动，我主动，才能揭开恋爱的序幕。所以，女生必须明白一个道理：主动联系不代表着自降身价。

很多女生从小就被长辈灌输一个观念："作为女生，你应该矜持，不能太主动。"这个观念是由古代传统的性别观念孕育而来的。在古代，女子所受的束缚极为严重：未嫁女子很少有机会外出，只能在自己闺房内活动；嫁作人妇后，作为男人的附属物，女人必须遵循三从四德……在遥远的古代，女性的一举一动都要遵守"肃穆妇容，静恭女德""正色端操""清静自守，无好戏笑，洁齐酒食"等繁文缛节。

但是，当今时代已经不同，女生不用在意那些苛刻的举止条文。每个女生都有权利塑造自己的个性，不必将自己限定于蕙质兰心、沉静如水的人物模板中，即使投映到一段暧昧关系里，也不必"矜持"地等男生来联系。说实话，女生的主动联系往往更能推波助澜。

俗话说："男追女，隔座山；女追男，隔层纱。"主动联系，真正对你有好感的男生并不会觉得你的爱太过廉价、太过"好撩"，因为在爱情面前，人人平等。无论主动者是谁，都不能牵扯到自尊心。相反，主动的那个人往往可能更重视这份感情。

那么，在暧昧期间，哪些行为会让女生真正降低身价呢？具体表现为：太过主动，废话连篇。有些女生只要得到心仪男生的联系方式，总会忍不住想找他聊天，总想将生活的点滴告诉他。比如，今天的天气真晴朗、我在路上遇到一只小青蛙、今晚吃什么等。如果你们是情侣，交流这些生活点滴，确实能增进你们之间的感情。但是，如果你们还没确定恋爱关系，女生最好控制一下自己的热情。一股脑儿地将自己一天所遇到的事情扔到对方面前，并不能拉近你们的关系，反而会让这段聊天显得很枯燥、无聊。久而久之，男生就会厌烦你的聒噪和无趣，会渐渐不乐意与你聊天。

降低身价的联系对方，具体方式都有哪些呢？

第一种情况是当话题结束时坚持继续聊。

我曾目睹过一场非常尴尬的聊天：

女生问："你今晚吃什么呀？"

男生回答："今晚吃了麻辣干锅。"

女生问："辣吗？"

男生回答："很辣！"

结果女生继续问："很辣有多辣？"

面对女生这种砸破砂锅问究竟的方式，男生的表情已经足以说明一切问题。其实，男生的话题到"吃了麻辣干锅"时就已经结束了，但女生却要继续强聊下去。不可否认，有时候女生之所以会强找话题，只是为了避免尴尬，但是，结果只能是越聊越尴尬。如果一个话题已经没有再讨论的意义，你完全可以大方地结束它，不必再画蛇添足。

第二种情况是不节制话题的数量。

跟男生保持联系，并不等于每时每刻都找他。在一天24小时里，完全可以在早上跟男生说一句"早安"，到中午再跟他讨论一些有趣的事情，到了晚上再用一句"晚安"结束今日的交流。

假如你今天遇到了两件十分有趣的事，完全可以先跟男生讲一件并展开讨论。至于第二件有趣的事情，可以留到第二天或以后再谈。

如此，你就不会因为太过"话痨"而让对方心生厌烦。因为，别人也有自己的事情要忙，不可能一直陪着你聊天。太过频繁的交流，容易让对方厌烦，同时也会降低了你的身价。

第三种自降身价的做法是纠缠。

如果男生已经对你表现出不耐烦或者冷漠，不能为了改善关系，而"热脸贴冷屁股"。要知道，男生都反感女生的这种行为。既然他对你没兴趣，就没必要一而再，再而三地死缠烂打了。

第二章
约会：给爱情一个美好的开始

相关链接

为什么说得越多，他越烦？

你怎么老是玩手机？游戏有这么好玩吗？要是工作这么上心就好了……女生的唠叨简直就是男生的噩梦。其实，女生唠叨的本意往往并不是烦男生，而是出于好心，希望男生变得更好。可是，如果掌握不好度，反而会弄巧成拙。

这种情况可以用超限效应来解释。所谓超限效应，指的是由于刺激过多，或过强，或作用时间过长等原因，让人们的内心出现不耐烦乃至逆反。在男女生沟通交流的过程中，女生的频繁唠叨相当于一种刺激。在爱情甜蜜期时，女生的唠叨或许还能让男生感到温暖、关注。但随着时间的推移，男生对女生的唠叨会渐渐产生超限效应，于是，当女生唠叨时，其实是在不断给男生刺激。

太想他了怎么办

从古至今，相思都是迁客骚人题诗写句的独特题材。"天涯地角有穷时，只有相思无尽处。""一日不见兮，思之如狂。""花自飘零水自流。一种相思，两处闲愁。"……古人的诗句总能激起我们的共鸣，特别是感性的女生——一旦陷入思念，便难以自拔。

许多女生可能都有过这样的经历：漫漫长夜，躺在床上辗转反侧，手机里他的歌单听过一遍又一遍，脑海中他的身影迟迟不肯离去；一边不断回味与他共同经历过的一切，一边又拿起手机一遍遍重复阅读他的朋友圈；心底期盼着第二天快点来，能跟他继续聊天。

有时候，思念就是这样一种撕心裂肺的感觉。它可能无法消除，但可以减轻。减轻思念的痛苦的办法，因对象的不同而不同，如果你思念的那个人是你的暗恋对象，那么你可以试试——主动联系他。

这是最简单的，同时也是最有效的办法。当你对某人思念入骨时，不妨拿起手机同他聊天或是直接约他出来见面。

不过，不要将思念说出口。联系他时，只要跟他分享一些有趣的事情即可，如果对方没空或者不想与你聊天，要及时退场，因为一旦给对方带

第二章
约会：给爱情一个美好的开始

来困扰，他就会远离你。

将心里的痛苦藏起来，改用其他方式来抒发，你可以：转移自己注意力，让自己忙起来！当一个人闲下来时，最容易胡思乱想。此时，思念便会乘虚而入，折磨你。想要减缓思念的痛苦，你可以把对思念的注意力转移到其他地方。比如，把用来想他的余力投入工作或是学业中，或者看一本新书，学一项新技能。总之，让自己忙起来，用业余兴趣填满自己的生活，慢慢地，你就会发现思念的苦楚并不是一件不可抵抗的事。

此外，你还可以去结交更多的朋友，扩大自己的社交圈，认真对待每个朋友，同他们交流，了解他们的生活，为心里的孤独和思念找个发泄口。不过，这里所指的朋友是正常交流的朋友而不是有暧昧关系的朋友。

有时，有些女生可能会选择"自欺欺人"的方式，告诉自己："他没有不爱我。""他不找我是在等我找他。""只要我找他，他就会爱我。"……一旦出现这种想法，女生就容易变得疯狂，拼命联系对方，拼命诉说自己的思念。这种做法确实有意义吗？有一个女生就曾因疯狂的举动让自己变得更加伤心。

这个女生认为，思念男生就要联系，喜欢就要说出来。于是，她每天都要对男生说很多句"我想你了"。起初，男生还很开心，慢慢地，男生变得不那么在意女生了，也不再为她的思念感到开心了。然而，女生对男生的热情依旧不减，男生却开始不怎么回复信息了。可怜的女生因为思念变得疯狂起来：她时常不分时间、不分场合地联系男生。最后，男生实在烦不胜烦，便切断了跟她的一切联系。

这种结局实在令人惋惜，在为女生感到不值的同时，也让人心生感叹。

思念是世界上最无用的东西！所以，当你想念的那个人是一个与你没有发展可能的人时，必须学会释怀和忘记。既然你们没有可能，思念就是白费工夫。

要想做到这一点，我们可以从正视自己的情绪做起！无论面对什么事情，最可怕的态度就是逃避。有时候，为了抑制自己的冲动，女生可能会这样告诉自己：我没有很想念他。结果却往往不尽如人意。这是因为，情绪需要排解，而非压抑。一味地压抑自己的情绪，非但不会让情绪得到消除，只会不断堆积，直到爆炸。

压死骆驼的稻草总是一点一点慢慢堆积起来的，最好的舒缓思念的办法，绝不是逃避，而是承认它，告诉自己："我确实很想他。"正视了自己的情绪后，再让自己"忙起来"，就能顺利排解掉。当然，也可以用倾诉的方式来排解。总之，面对情绪，你学会正视了，也就不再是难题了。

一定要告诉自己："我尽管思念他，但是我的思念对我们俩都没有任何意义。"

思念是常态。当你喜欢一个人时，很难不去思念他。而且，在思念一个人时，往往怀念的并不是那个人，更多的是与那个人发生过的点点滴滴。

相关链接

确实存在相思病吗？

一日不见兮，思之如狂。古往今来，最折磨人的莫过于相思。想念意中人时，有些人会变得心情郁结，茶饭不思，辗转反侧，难以入眠。这种"症状"比生病还难受，我们会戏称——他们得了相思病。

那么，世间确实有"相思病"这种病吗？这个问题早在几千年前就有人为我们做出解答了！《黄帝内经》中曾经提到"思伤脾"，说的是，过度的思虑容易导致脾气郁结，久而久之则会伤脾胃，造成食欲不振、胸腔积气、排便不顺等症状。过度思念或者思虑，你的身体的正常机能会慢慢发生变化，从身体康健转变为体弱多病。这也是"相思病"这一病名的由来。

提示：会说话等于高情商吗

在电影《一出好戏》中有一句经典台词："你知道我为什么和我前夫离婚吗？因为他总是把天聊死。"当这句台词被说出来时，影院中瞬间爆发阵阵笑声。"把天聊死"是这几年网络上流行的一种说法，常用于形容一个人不会说话，即在与别人聊天时经常抛出让人接不下去的话题。

说话，也是一门艺术，与情商的高低分不开。但是，会说话就等于高情商吗？答案是否定的。因为高情商是"会说话"的必要条件，而非充要条件。也就是说，高情商的人一定会说话，但会说话不等于高情商。

在所有沟通中，低情商的危害远比不会说话的危害大。因为情商低是所有争吵与矛盾的源头。那么，究竟什么才是情商呢？

从广义的角度来说，情商指的是自我情绪控制的能力，并不单单是说话的能力。所以，要想提高情商，最重要的是提高情绪管理能力。

举个最简单的例子，男女生因为生活中的琐事而吵架，吵到后面，就会已经忘记了吵架的目的。最常见的情况是，发生争吵时，男生稍不注意语气或措辞，女生就会失控——"你凶我？""明明是你不对，你的态度还这么差？"一旦发展到这一步，即使吵架的源头已经解决，后面也会绕

第二章
约会：给爱情一个美好的开始

回态度、语气等问题。最后，真正引起矛盾的事情可能解决了，语气和态度问题又会成为两个人无法消除的隔阂。

有个女生曾经这样说过：

"虽然我们已经和好了，可是我想到他当时的语气（态度），我还是很难过。"

由此看来，高情商的人除了会说话，还要善于管理情绪。发生矛盾时，首先要有意识地保持冷静。你可能会说，谁不知道要冷静，可是那种情况下我没办法冷静，我一定会在那个时候向他/她释放情绪。所以这里说的是，"有意识"地去冷静，强制自己去冷静。

如果有一方无法保持冷静，另一方就要引导对方冷静，但是不能让对方觉得你在逃避问题，你可以明确给出一个时间点。比如，你可以说："亲爱的，我们先冷静半小时。半小时后，我们再来解决这个问题。"

如果对方抛出"终极武器"——"你是不是不爱我了？"你也要耐心地回答："亲爱的，我没有不爱你，也没有不耐烦。不过，我们总要先冷静下来才能解决问题。"这时候，你们的语气一定不能带着负面情绪，否则，就很容易功亏一篑。因为在情绪波动时，个人说话的音量也会随之提高，会出现这种对话：

"你凶我！"

"我没有,我这不是凶你。"

"你那么大声你还说没有?"

一旦出现这种情况,就会陷入一个跳不出来的怪圈。

男女生之间发生争吵,情绪多数是消极的——愤怒、生气、伤心,很容易情绪失控,说出伤害对方的话,或者提高音量。即使你内心没有这种想法,也会对对方造成伤害,可对方明明是你想要呵护的人,为什么不给对方多一些温柔?

高情商的人,通常都会将温柔留给身边的人。所以,这时候要让自己有意识地"慢"下来,不要逞一时口快,以免你不自觉地提高音量。要知道,一旦你被负面情绪包围,是很难做出正确判断的。

说到底,情商就是一种自我情绪控制能力,包括了"收"和"放",所以,高情商的人除了要收敛负面情绪,也要恰当地表达自己的感受。

有时候,男女生因为某个很简单的问题纠结许久,最终却什么都没解决,甚至还会让一个问题变成两个问题,乃至更多。最关键的原因就是,在这段关系里,至少有一方不能正面解决问题,不能直接表达自己的感受,以为对方会明白。

电影《十二夜》中,男女主吵架的片段刻画得十分真实——女主一直在尝试解决问题,男主却总是逃避。所以,他们的结局必然是分手。

其实,发生争吵或者矛盾后,男女双方都应先从眼前发生的事情着手,做到一击即中;就眼前的矛盾,把双方的想法感受摊开来讲,不要以为什么都不用说，对方就能明白你的意思，更不要因为对方不明白你的意思而生气。

这才是高情商的表现！

高情商的人更知道什么时候应该把自己的感受表达出来，更知道怎么表达。恋爱中，如果一方一直逃避，不愿意就当前发生的事表达自己的真实感受，而是一直在扯从前发生的事情和感受，不愿意直面和解决眼前的问题，这段感情也不会走久远。

总之，情商高的人不仅会说话，还懂得控制自己的情绪。一份恋爱的经营与一个人的情商分不开。

相关链接

男生的情商确实比女生的情商低吗？

现实中，很多人都默认这样一个现象，即女生比同龄男生懂事得多。

对于同一件事情，男女生的处理办法各异：男生遇事容易冲动，女生就沉稳多了。那么，是不是可以引申为，男生的情商普遍比女生的情商低呢？

从大脑构造上来看，女生右脑的杏仁体比男生的小，而杏仁体是对环境中情绪信号的最早应答器。通俗一点讲，杏仁体是一个情绪识别器，能够对接收到的情绪做出应答。由于女生的杏仁体较小,接收信息较慢,对事情比较慢热,不易冲动,办起事来显得稳妥。并且,女生的前额叶较大,在直觉和解读方面更占优势。

第三章

恋爱：初次进入亲密关系

异地恋如何锁住他的心

"异地恋"是不少情侣都会经历的一关,也是恋爱众多关卡中最难过的一个。许多经历过异地恋的情侣都表示,谈异地恋实在是太累。那么,异地恋究竟累在哪呢?

开始异地恋前,情侣大多处于相同的状态:两个人有很多共同的圈子,每天都会见面,有聊不完的话题,怎么样都不觉得腻……即使发生争吵,一个充满温度的拥抱就足以解决大半的问题。但是,一旦开始异地恋,吵架就成了天大的事。当初亲密无间的两个人,怎么也不会想到——异地恋时,隔着屏幕的两个人连吵架都失去了温度。

异地恋真的这么可怕吗?如果你正处于或者即将开始异地恋,首先就要端正心态:异地恋不可怕,远距离的恋爱也有技巧可循。

通常情况下,多数异地恋情侣以分手告终的根本原因不外乎是:两人的圈子不同,彼此的生活日渐失去交集,慢慢地,就变得疏远了,聊天也如同鸡同鸭讲,距离感逐渐产生。所以,对于异地恋的情侣来说,最重要的就是消除距离感。那么,如何消除距离感呢?

你可以多分享日常生活,消除距离感。分享,既可以是一段文字,也可以是一张照片。要记住，异地恋情侣间的日常分享并不需要过分追求仪式感，也不要求十分精致，最简单的感想，或者简单随手一拍即可。所谓的分享日常生活，重点就在于"日常"二字。举个例子，早上在早餐车上买到一个美味的面包，就可以随手拍下来与对方分享；上班时遭遇了刁钻客户的为难，也可以与他分享。总之，生活中点点滴滴的小事，都可以和对方分享。要知道，爱情往往就是由一件件小事构成的。

通过这种分享，就能达到"即使两个人没生活在同一个地方，也能及时参与对方生活"的效果。往大了讲，它是一种给予，而不是一种索取；往小了讲，当对方通过你的分享参与到你的生活中时，你们的距离感就会大大缩减。分享日常生活可以促进亲密感，但是，一定要提醒自己做到：当对方因为手头有事，而没有及时回复你分享的日常时，不要烦躁，更不要因此产生"我以后就不和你分享了"的想法。不要将分享生活变成一种渴望他人回应的行为。因为，分享是一种自发的、想让亲密的人更了解你的日常行为。

许多情侣表示，吵架时，打电话比单纯文字表述更容易解决矛盾。因为，在文字交流时，有时候可能你想表达的是 A，稍不注意措辞，就容易让对方理解成 B。

一个女性朋友在与男友异地恋期间就经常因为抠文字而纠结不已。举个例子，有时候男生少打了一个语气词，她都会纠结半天："他是不是不耐烦了？"而男生根本就没有注意到自己打少了这个语气词。这是因为，一方面女生的心思比男生细腻；另一方面，文字叙述的起伏感往往不如声音明显。所以,异地恋情侣一定要有这种意识:文字容易产生歧义,语音聊天更能促进亲密感。

面对着冰冷的手机进行文字交流,男女双方都很难感受到对方的紧张感和迫切感,也更容易胡思乱想。这时,语音聊天就成了不二选择。它能让你更直接地了解到对方的声音和想法。所以,异地恋情侣最好养成每天都要进行语音聊天的习惯。如果确实忙不开,几分钟的语音聊天即可。重要的是,要让对方听见你的声音和情绪。

值得注意的是,异地恋还经常出现这样一类矛盾:一方开始适应新的生活,另一方还未完全适应。这时候,未适应的一方便会感到焦虑,对对方产生不信任,换句话说,两个人的生活可能已经"不同步"了,空闲时间较多的一方会处于感情里的"弱势"状态,而这种情况在女生身上表现往往较为明显。她经常会胡思乱想:

"他说去开会,怎么这么久,会不会是骗我的?"

"他说吃完饭就打电话给我。这都吃完多长时间了,还不打给我,是不是出什么事了?"

"他不理我,是不是在和其他女人聊天?"

……

没有什么比胡思乱想更折磨人了。当你意识到自己开始胡思乱想时,请立刻停下来。要知道,情侣相处,最忌讳的就是胡思乱想、互不信任、互相猜忌。与其让这些臆想成为情侣双方的绊脚石,倒不如利用空闲时间,多提升自己,做自己想做的事,让自己成为更优秀的人。当你变得越来越好时,你就更有自信和底气;当你变优秀时,你的眼界也不一样了,自然也不会整天在感情中纠结和猜忌。

记住,异地恋不可怕,锁住他的心也不难。上面的办法你都学会了吗?

相关链接

距离究竟能不能产生美?

心理学家研究表明,人与人总会处在一定的空间距离的位置关系上。在特定的环境中,这种空间关系会传递出不同的心理感受:在友好时接近,在对立或关系疏远时保持一定距离。

距离产生美,通常指的是空间距离。当你和另一半关系亲近时,你们会不自觉地想要消除空间距离,变得更加亲近;当你和另一半关系有所疏远时,即使两个人处于同一地理空间,彼此的空间距离也会不自觉地拉开(即使只是微乎其微的改变)。

可见,距离不一定能产生美,但会生成一定的间隙和疏远。

关系的秘密藏在昵称里

你有过哪些昵称呢？

对你来说，这些昵称有什么特殊含义呢？

有时，有些昵称可能代表了一段快乐的回忆，有些昵称容易让你想起藏在心底深处的某个人。

一个昵称往往就是一段关系的代表。举个例子，小名通常都衔接着你和家人的亲密关系。这是家人给你的专属昵称，能让你一听见便感到安心。昵称的力量很伟大，也很神奇。有研究表明，在亲密关系中，专属昵称能够更快地拉近彼此关系。

所以，千万别小瞧恋人的小名。合理利用，就能大大增进你和男生之间的感情，但不可贸然行动。在叫出对方的昵称之前，先要私下打探一番：这个昵称对他是否有什么特殊意义？他是否喜欢旁人提起这个昵称？

做足了准备，就可以选择恰当的时间，例如，只有你们两个人或氛围烘托得刚刚好时，亲昵地用这个特殊昵称来称呼他。

当然，如果觉得贸然用昵称称呼对方有些别扭，也可以选择用这个昵称拓展话题，并细心留意他的表现：或许你会惊喜地发现，当聊起自己的昵称时，他的眼里会发光，如同藏了许久的宝藏被有心人发现一般。

当他发现你知道他不为人知的昵称时，会有种被关注、被重视的感觉，你们的感情便会迅速升温，亲密感也会随之增加。或许，慢慢地，这个昵称也就变成你们之间的小情趣。这就是昵称的魅力。

除了探索他曾经的昵称外，还可以创造你们之间的专属昵称。因为，独特的昵称更能彰显你的特殊性。

情侣之间互相起昵称是一件再常见不过的事情，虽然这个独创的昵称称呼的是男生，但代表的是创造这个昵称的女生。为什么这样说呢？因为，女生创造出一个昵称相当于创造了一份回忆。每次听到这个昵称，男生都会不由自主地想到与女生之间的那些回忆。

或许一开始，男生不会对这个专属昵称有什么特别感觉，只是单纯地把它当作一个普通代号，但是，久而久之，这个昵称就会慢慢进化为一种符号，一种代表着你的符号。只要一提到这个符号，他就自然而然地想到你，因为只有你会这么称呼他。

专属昵称的存在不断提醒着男生：你们的关系与众不同，你们是亲密的情侣。此时，这独特的昵称已经进化为亲密关系中有力的武器，可以帮你慢慢占据他的心。

不过，在用昵称称呼对方时，还要尊重对方。要知道，昵称应该是甜蜜的，而不是贬低对方。

有这样一对情侣朋友：女生小鸟依人，男生高大威猛，身高一米八，是健身房常客，看上去非常壮硕。两个人给彼此起的昵称非常有趣：男生管女生叫"高高"，女生反而管男生叫"矮矮"。一开始，他们的关系非常好，相处十分融洽，日子过得也很甜蜜。但是，久而久之，两人的关系却因"甜蜜"的昵称出现了问题。原来，女生总喜欢在别人面前强调他们"高高""矮矮"的称呼，言辞间颇有得意之色，态度上也不免出现了些许傲慢。女生的这种扬扬得意、傲慢的态度让男生觉得很不舒服。

女生对男生的不满十分费解："当初，你不是很喜欢这种昵称吗？"

男生对别人的调侃感到很苦恼："但我也不希望这种昵称成为别人调侃我的把柄。"

可见，有时男女生之间的昵称也会成为彼此的负担。

其实，在旁人面前，女生不应该屡次强调自己与男友之间的亲密昵称。因为，昵称带来的甜蜜只属于你们两个人，与他人无关，一直强调，反倒显得虚伪和刻意，甚至会惹人厌烦。同时，还可能让男生觉得有失面子，而伤害了情侣间的亲密关系。

如果你和男友也存在类似的昵称，请把这个昵称当作你们之间的小幸福来珍惜，不必在旁人面前故意强调。并且，当有人调侃时，女生应该主动维护男生面子，不能顺着别人的话茬儿贬低男生。这才是亲密关系中昵称的正确用法。

总之，好的昵称是一份可以使感情迅速升温的催化剂，不仅可以增加两个人之间的亲密感，还可以帮助我们开启美好过去的回忆大门，留住那份甜蜜的温情。聪明如你,一定懂得如何应用它。

相关链接

德国人喜欢用动物称呼恋人

在德国,男女生之间的昵称非常有趣,喜欢用毛茸茸的动物来称呼彼此。举个例子,德国女生可能会用憨态可掬的泰迪熊来代表自己的男友,会叫他"bear"或者"bearchen"。又或者,德国男生会用可爱的小兔子"hase"或者"heaschen"来称呼自己的爱侣。

比较特别的是,德国人对于老鼠有两种常用的叫法,一种是亲昵的"maus",一种是充满厌恶感的"ratte"。所以,当德国情侣恩爱甜蜜时,他们可能会用"maus"或"mausi"来称呼自己的爱人,有时还会把可爱的老鼠和熊结合在一起,用"mausebear"来作为彼此的昵称;而吵架时,他们就可能恶狠狠地称呼对方"ratte"。

情侣之间的专属玩笑

一直以来，恋人之间的相处之道都是一个经久不衰的话题：为什么有的情侣相处起来十分轻松？为什么有的情侣相处不到十分钟，就犹如针尖对麦芒般针锋相对？如此天差地别，恰恰说明了情侣之间的相处之道也有规律和技巧可言。

看到这里，或许有些人会鄙夷：我自己的感情，我自己可以做主！哪有那么多规律和技巧？感情不就讲究真实吗？追求规律和技巧的感情，还有什么真实感可言？

嘿，可不要钻这种牛角尖。学习情侣相处的规律和技巧，只能帮助你更好地和恋人相处，完全不会影响你抒发真情实感。

恋人之间相处的最高境界终究不过两个字：舒适。恋爱之前，男生和女生是两个完全独立的个体，大到性格、经历，小到喜好、性格，甚至连彼此爱吃的菜品都可能千差万别。举个例子，女生带男生去自己心仪已久的旅行胜地，对方却毫无兴趣；男生心中有浪漫的英雄主义，迷恋漫威电影，而女生充其量只知道"美国队长"罢了……类似的差别在生活中很常见。

可偏偏就是这样两个完全不同的人，因为对彼此怀有爱意，最终走到

第三章
恋爱：初次进入亲密关系

了一起。这种缘分固然可贵，但是留住这份珍贵才是两个人在一起的终极目的。要知道，心中有爱还远远不够。当男孩和女孩开始真正相处的时候，问题就会层出不穷。有时候，可能你抛出一个话题，对方却不一定能接下去；也有时候，对方可能觉得有意思，你却觉得很无聊……正因此，网络上才会出现这样的言论："连笑点都不同，怎么做情侣？"如果你也有这种困扰，不妨试试这样做：寻找两个人的专属玩笑。一方面，专属玩笑能给男生带来一种奇妙的感知——这件事只有我们两个人知道。另一方面，这种感知能够大大拉近男生与女生之间的距离感。我们大可设想这样一个场景：

在嘈杂的聚会上，大家聚在一起说说笑笑，气氛很融洽。但对于情侣来说，这种融洽不免显得有些平淡。这时，如果女生随口说一句无关紧要的话，男生在大家都摸不着头脑时，就会会心一笑。或许其他人都不会有任何明显的感知，女生这句无关紧要的话也很快会被跳过，但它足以激起这对男女生心里的波澜：我们有别人不知道、不能理解的小乐趣！

对情侣来说，分享不为人知的喜悦的感觉，是幸福的小甜蜜。无论男生还是女生，在这一刻都会产生这样的感觉：这种笑料果然只有我们俩能懂！

首先，女生就要找到这种专属情侣的小玩笑，玩笑给人的感觉是轻松的，不一定是严肃的，在寻找专属的玩笑时，女生不必太过严肃，也不必太刻意。专属玩笑的表现形式多种多样，你完全可以在彼此相处过程中进行发掘。例如，当对方跟你提起他以前读书时的糗事——放学后经常被老师留下来"吃晚饭"时，你可以偷偷记下来。在以后的相处中，选择合适的时间问："嘿，一会儿要不要来我这里'吃晚饭'？"

要知道，此时玩笑的内容不是很重要，重要的是，它是专属于两个人的信号。

其次，女生也可以主动创造两个人的专属玩笑。为了使创造出的玩笑效果更佳，就要重视玩笑的内容。首先要对玩笑的内容进行"排雷"：抛弃那些对方不感兴趣甚至是讨厌的东西，例如，食物。如果对方很讨厌香菜，女生在创造专属于你们的玩笑时就不能使用这个话题了。

专属玩笑的最终目的是提高两个人相处的亲密感，让相处更加舒适，女生反复提到男生讨厌的东西，不仅会降低亲密感，还可能引起男生的反感。如果女生能够"对症下药"，找到男生感兴趣的话题，或者是对男生来说有意义的东西，就会事半功倍，帮你迅速而又准确地创造出专属于你们的玩笑。

当你把对方感兴趣的东西变成专属于你们两个人的信号时，不仅能让男生眼前一亮，也能让感情迅速升温。

值得注意的是，在找到彼此的专属玩笑后，千万别忘了保密。心照不宣是专属玩笑最迷人的地方。

相关链接

为什么男生和女生的笑点不同？

我们经常会听到他人用"笑点低"或者"笑点高"去形容一个人，这就意味着人和人之间的笑点不尽相同。同一个笑话，有些人觉得好笑极了，有些人觉得十分无趣，甚至有些人总结出一个结论：男生笑点比女生的高。其实，男女生之间并没有笑点高低之分。不过，又有大量事实证明，男女生的笑点确实有所不同。

心理学家理查德·怀斯曼经过研究表示：人们对笑话的反应会因国籍、性别和年龄的不同而存在差别，并且，地域的不同在一定程度上也会影响一个人的幽默感。

对此，西班牙月刊《趣味》中的一篇名为《笑点在哪里？》的文章也给出了更具体的解释。文章称，有研究表明，男性更喜欢荒谬的玩笑，而女性则不太喜欢有性暗示或与侵略行为有关的笑话，她们更偏爱情感类的内容。看来，男女生的笑点不同是因为受到诸多因素影响。

女人会撒娇,男人更宠爱

现代社会追求独立、崇尚自主,许多现代都市女性都成了"独立"和"自主"的代言人。随着社会进步,越来越多的女生向往拥有独立自主的个性。但与此同时,不少女生也会进入一个误区:以向男生撒娇为耻。

首先,我们要对这种独立自主的个性表示肯定。任何人都有权利以独立自主的风格处世。其次,要端正对"撒娇"的认知,独立自主与撒娇并不矛盾。你在外面可以是一个雷厉风行的"女强人",在家里自然也可以是个懂得向男生撒娇的"小女生"。

懂得角色的转化,更有利于两性之间的相处,要知道,女人会撒娇,男人更宠爱。很多时候,"撒娇"是一件十分有力的武器。小情侣吵架时,如果是女生错了,却又拉不下脸来认错,撒个娇来承认自己的过失不失为一个好办法。但是,一定要"拿捏有度",并不是所有矛盾都可以仅靠撒娇消除。要知道,"女人会撒娇"的重点在于"会"字,而不单单在于"撒娇"二字。不信的话,我们不妨试想一下:

在第一次出错时,你撒个娇,男生可能会觉得十分可爱,加之你犯的

第三章
恋爱：初次进入亲密关系

又不是什么大错，这件事情很快就能过去。

在第二次犯同样的错误时，你依然想用撒娇来让事情翻篇，即使此时男生不过分追究，他也很可能不再觉得你撒娇的样子可爱了。

到了第三次犯同样的错时，如果你还想用撒娇一句带过，那么，很遗憾，通常在这个时候，你的撒娇已经没有效果了。此时的男生不仅不会觉得你可爱，还很可能会因此厌烦你。

所以，我们在这里并不是单纯地鼓励女生撒娇，更多的是鼓励女生要"会撒娇"。重点在于这个"会"字，女生要知道在什么时候撒娇、如何撒娇，不能一味盲目地想依靠撒娇来解决感情中的任何问题。要知道，滥用一件武器时，这件武器就会失去它的价值。滥用撒娇，你的撒娇也就成了自顾自的发嗲。对于男生来说，你的撒娇不会再有任何其他效果。为了不滥用撒娇，你要谨记：撒娇不等于任性。

女生在恋爱中的任性可以这样理解：仗着男生对自己的宠爱，为了达到某种预想的目的而肆意妄为地听凭秉性行事，不顾男生的感受；通常情况下，为了更快达到这种预想的目的，女生会采取示弱的方式，也就是撒娇。什么时候撒娇会变成任性呢？当你第三次犯同样的错误，仍然想通过撒娇解决问题时，撒娇就变成了任性。

女生或许疑惑：为什么前两次都奏效，第三次就不管用了呢？

因为当同样的事情屡次发生时，事情本身给他带来的感受更强，撒娇也就渐渐失效了。此时，如果女生还是一味地撒娇，在男生眼中就成了任性。

为了避免这种情况发生，女生要做到：在第一次撒娇奏效的同时，思考事情本身给男生带来的负面影响，并及时将其消除，更好地照顾男生的感受。如此，不仅会让男生觉得你十分可爱，还会给男生留下善解人意的形象。

此外，要知道，撒娇并不局限于言语，聪明的女生更懂得如何用行动去阐述"撒娇"二字。她们往往会这样做：在恰当时示弱，可以向男生展示自己柔弱的一面。当你看到这句话时，脑海中是否也响起了"洗脑神曲"——"我不需要男友，桶装水能扛三楼……"

首先，假设你确实能把桶装水扛上三楼，但你会这样做吗？要知道，很可能在你扛上二楼时，就已经把喜欢的男生吓跑了。正确的做法是，让喜欢的男生帮你把水扛上楼去。当然，同样的道理不仅适用于体力活，还可以是日常生活中任何你需要男生帮忙的事情。这一举不仅可以向男生展示你"柔弱"的一面，更能让男生体会到"被需要"的感觉，同时为两人制造相处的机会。

俗话说："会撒娇的女人更好命。"但是，要想通过撒娇让自己更好命，前提是你要懂得撒娇。

相关链接

西方男人不喜欢女生撒娇

都说"会撒娇的女人最好命",但这并不代表会撒娇是世界各地的通行证。在西方,男生对撒娇的女生一般都没有特殊的感觉。这是因为,西方男女平等的意识觉醒较早。西方女生的生活、工作更加独立,而男生更喜欢成熟的女生。在这种文化背景下,西方男女普遍认为撒娇是孩子的天性,而不应该是成年人会做、该做的事情。比起爱撒娇的女生,西方男生更偏爱那些性感、独立、懂得展现自己女性力量的女生。

当然,这并不代表西方男生厌恶爱撒娇的女生,他们只是无法理解女生故意示弱博取同情的行为,美好、独立的女生撒起娇来,也会吸引他们的注意力,被封为"女神"的娇憨、魅力的玛丽莲·梦露就是一个很好的例子。

既要分手，又要体面

不是每段感情都能收获美满的结局，不是每对眷侣都能白头偕老。这个世界上，无疾而终的恋情到处都有。彼此顾念往日情分，体面分手，曾经缠绵悱恻的恋情也不失为一份美好的回忆。可惜，在现实生活中，更多的是——"含恨"分手，昔日的眷侣成了眼前的敌人，曾经的美好变成了如今的满目疮痍、面目可憎。

要想体面分手，也是一门学问。对于主动分手的女生来说，体面分手其实是对自己的一种保护。现实中，许多男生在面临被分手时，很容易做出过激行为。这是因为，多数男生都在乎自己的面子，而女生提出"分手"的行为足以摧毁男生的面子，给他致命一击。于是，表现出来的就是——面临被分手时，男生就容易出现过激行为。

有这样一则新闻：

一个花季少女被人用极其残忍的手段杀害，并弃尸荒野。警方连夜追查却发现，犯罪嫌疑人是少女的前男友。据犯罪嫌疑人交代，女生生前曾强烈且决绝地要求与他分手。他多次挽回，女生都没回心转意，他被仇恨、愤怒蒙蔽了心智，做出了杀人的举动。

网络上，诸如此类的新闻并不少见。所以，在主动分手时，女生一定要保护好自己，考虑到安全因素。这些考虑和负责并不是让你勉强维持关系，不提分手，只是在提分手时，要注意：不贬低对方，承认爱过他也是一种幸运。

分手是一件令人难过的事情。昔日的眷侣关系走向破裂，一定是两个人的责任。无论男生有什么过错，在你提出分手以后，都不要追究，不要埋怨，也不要贬低对方。一方面，不管怎样，他都是你曾经用力爱过的人。贬低对方是对对方的不尊重，对自己的不尊重，也是对当初恩爱缠绵的不尊重。另一方面，在承受失恋痛苦的同时，如果男生还要承受你的贬低与埋怨，要承担巨大的心理压力。在强烈的心理压力下，任何人都无法保证对方不会做出过激的举动。不因一时口快让自己陷入困境，是每个聪明女生都懂的道理。

同时，在分手时，女生最好的态度是坚决分手，而不是决绝。分手不坚决，会给对方留下一份希望，让彼此陷入摇摆不定的局面。在男生看来，这种行为不是保护，更像是玩弄。一旦产生被你玩弄的感觉，男生的心态就会出现失衡，乃至做出伤害女生的冲动举动。

但是，不管怎样，坚决也不等于决绝。两者之间的差别，我们可以通过一个简单的对比来分析：

女生1说:"我们肯定不可能再继续交往了!别再联系我了。不然我就报警了。"

女生2说:"很遗憾我们还是走到了分手这一步。不管怎样,我不后悔爱过你。但是也只能到此为止了。"

显然,女生1的态度比女生2的态度决绝许多。女生2在强调分手和到此为止的遗憾的同时,也积极表明了不后悔曾经在一起的态度。听到这种说辞,男生会更受安慰,受伤的内心也能在很大程度上得到安抚。

此外,提出分手时,女生应注意几个原则:第一,为了保障女生的安全,避免男生因为被分手而做出过激举动,当面分手一定要选择人流量大的公共场所。第二,"买卖不在,情谊在"。不管怎样,在分手时或分手后都不能贬低或诋毁对方。要知道,男生把面子看得比天大,你的诋毁和贬低很容易成为他做出过激举动的导火索。

当然,对于被分手的女生来说,学会体面分手同样重要。要知道,纠缠不清无异于自降身价。通常情况下,男生相较于女生更理智,一旦说出"分手",往往代表着局面的无可挽回,也代表着他对你的爱降到了低谷值。这时候,女生最好不要苦苦哀求,不要纠缠不清,否则,只会进一步降低男生对你的兴趣。要知道,当他说不爱你了,便是确实不爱你了。对他们来说,你的纠缠是无谓的挣扎,你不再是他的"小甜心",也不再是他捧在掌心的"小宝贝",而更像是恼人的苍蝇。此时,最体面的做法应该是断联。

男生天生就比女生更有征服的欲望。当男生向你提出分手,而你也潇洒地就此放手时,他反而很可能会因此感到失落,甚至开始犹豫,是不是自己的选择是错的。当他开始产生类似的犹豫时,你们往日的美好就会一点点重回他的内心。这也是为什么许多情感专家会将"断联"称为感情挽回的第一步。

退一万步讲,即使在你的纠缠下,你们重归于好,长久走下去的概率也小之又小,找不到导致分手的根源,盲目和好,并不会得到破镜重圆的美好结局,只会让你们的感情重蹈覆辙。当矛盾再次爆发时,原来美好的爱情就会变得面目全非。相信,这种和好、这种结局绝不是你希望得到的。所以,当一段感情开始时,不要轻易说分手;当一段感情走到尽头时,要勇敢、体面地说分手。

相关链接

压垮彼此感情的不仅是细节

加州大学曾对分手的情侣做出过分手原因的调查。调查显示,许多人分手往往并不是因为什么大不了的事情,而是因为一些琐碎小事,比如,厕所没有纸巾、厨房里摆放着脏碗杯子、用完了沐浴露不更新、水池里放满了需要清洗的碗筷、不整理床、垃圾堆积如山等。如图3-1所示:

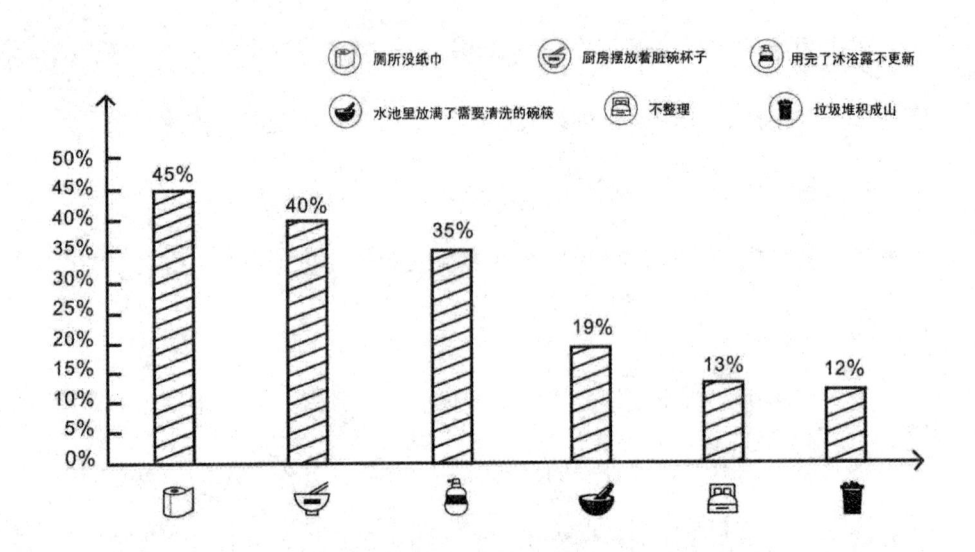

图 3-1　加州大学情侣分手原因调查

有人据此得出结论：压垮爱情的可能是一瓶沐浴露、一个坏习惯、一句无心的话。细节决定爱情，也决定分手。加州大学的研究员却有不同的看法：击垮爱情的永远不只是某一个细节，而是爱情背后日积月累下来的许多细节。

别轻易接他的电话

爱情就像一场博弈。在这场博弈中,男生和女生各显神通,各自表现。势均力敌的情侣总能很好地平衡彼此之间的关系,而实力悬殊的情侣很容易走向分手。可以说,博弈贯穿了男女生交往的整个过程。

在恋情的初始阶段,爱情的博弈能够决定这段恋情未来的走势:男强女弱、女强男弱或男女平等;在爱情逐渐走向成熟的阶段,爱情的博弈则能够很好地引领感情的发展,平衡男女生的关系。

很多心怀浪漫主义的女生总是不善于博弈,要么错把任性当作博弈,要么错把一味付出当作真诚的爱情。不得不说,这类女生在爱情中其实最容易受伤。要知道,爱情的世界比你想象中的更"险恶"。

不博弈的理想爱情梦比泡沫更容易破碎。当然,所谓博弈,不等于争高下,不等于情侣之间的厮杀,更不等于把其中一方狠狠地踩在脚下。爱情博弈的目的在于平衡彼此关系。它更像两个相爱的人暗自较劲,努力让爱情的天平平衡一点、再平衡一点。从长远的角度来说,博弈有利于爱情更长久地发展。

既然如此,我们该从什么地方展开博弈呢?其实,你有这种疑问,就证明你未能理解爱情博弈的目的——让相爱的两个人的地位平衡。明确了这一点，你就会知道爱情的博弈可以藏在男女生交往时的任何小细节中，比如，接电话。有时候，你可能以为接电话只是一个普通得不能再普通的小举动，其实，这个小举动足以展开一场角逐。所以，我们不得不提醒女生：在爱情里，不要轻易接他的电话。

值得注意的是，不轻易接电话不等于不接电话。在男女生恋爱的过程中，不接电话相当于一种惩戒。如果对方没有做错什么，女生突然不接电话，男生就会感到难过、困惑："她为什么不接我的电话？"用网上一句比较偏激的话来说就是："她不接我电话时，我总觉得她在出轨。"

久而久之，男生就可能对女生产生强烈的不信任感，并慢慢转移对女生的注意力。所以，在恋爱时，如果男生没有犯下重大错误，就不要随意不接男生电话。

如果你实在没空接电话或漏接电话，一定要在事后向男生做出合理的解释，比如，在开会、在洗澡等，明确你是因为不可抗力因素才不接电话；也可以是在健身、在画画没有注意等，表现出自己生活丰富多彩的一面。类似的解释有很多，但是都要向男生传达：我不是故意不接你的电话。

那么，什么时候才不接电话呢？

在恋爱时，男生可能会对你进行试探。举个例子，他可能会在持续天天打电话给你的情况下，突然在某一天无预兆、无理由地不打电话给你。这时候，他很可能是在试探你对他打电话这一行为的态度。显然，这种做法在正常恋爱中是不应该发生的。

第三章
恋爱：初次进入亲密关系

一个女生在与男友刚恋爱时，男友每天都会热情地打电话给她。后来突然某一天，男生不再打电话给她了。第一天时，她不以为意；第二天时，她开始焦虑；到了第三天，她实在忍不住了，给男生打了个电话询问缘由。男生回答："我想试试如果我不联系你，你会不会找我。"

女生听了这话，不由得松了一口气，两人又甜蜜恩爱地在一起了。但女生没有发现的是，从那以后，她与男生之间的那架天平已经倾斜了。主动联系、主动打电话的人变成了女生，而男生则越来越理所当然地忽略女生。

其实，女生按捺不住自己、主动打电话给男生的做法，就是一种自降身价的行为。把男生的试探当作情侣间的小情趣，其实，类似的试探是对女生底线的试探。

面对这种试探，女生最好佯装无事发生，从此不再轻易接男生的电话。当女生这样做时，男生就会感到困惑："难道我不主动联系她，她没有任何感觉吗？"而当女生不再轻易接男生电话时，男生也会开始思考："是不是我当时的做法激怒了她？"如此，女生就能顺理成章地把男生的试探抛回给男生，既不会降低身价，又可以表现出女生对男生的这种行为的不满，引导男生端正自己的态度，纠正自己的错误行为。

此外，还有一种情况，女生不应轻易接男生的电话。

影响正常作息的电话不轻易接。多数男生都很粗心，有时会不顾你的感受，不顾你的作息给你打电话。这时候，最好的做法绝不是放任，而是

不接电话,等待第二天进行解释。比如,你可以这样说:

"平时那个时间,我都已经睡觉了,所以,没有接电话。以后,你最好在其他时间段打电话给我。有时候突然被吵醒的话,我晚上会睡不好觉。"

这种说法既没有责备男生,也给了自己不接电话的合理解释,同时还对男生打电话的时间提出了要求。这种话术更有利于情侣关系的发展。

在恋爱中,"接不接电话"也是一门技术。对于不该接的电话,女生一定不要轻易接。只有这样,你才能切实把握好爱情的电话博弈。

相关链接

打电话频率也可能暴露感情状态

与男生恋爱时,如果一直不怎么主动的男生突然频繁且主动地联系你,千万不要忙着高兴,这往往可能是情变的前兆。当男生突然性情大变,开始频繁联系你时,很大概率是因为,他做了某些不好的事情。

面对这些不好的事情,他觉得对不起你,产生了强烈的负罪感和内疚感。为了向你示好,他很可能会频繁打电话给你,甚至对你比平时更好。这些行为的背后透露出他希望缓解自己内疚感的心理。

所以,面对男生突如其来的殷勤,女生不应该一味地沉浸在幸福甜蜜中,更应该沉住气,了解潜藏在男生突然殷勤背后的真相。

提示：为什么会有大男子主义的男人

在男女平等观念普及的今天，女生在强调"女权主义"的同时，也在不断对自己的意中人提出新的标准。其中，最常见的标准，莫过于不要"大男子主义"。可是，令人苦恼的是，如果确实按照这种标准进行筛选，那么，女生将很难找到自己的意中人。这是因为，男生或多或少都存在一些大男子主义。

男生的大男子主义来源于古代。在封建社会普遍认为，男人就应该比女人更加优秀，且男人拥有控制和支配女人的权力。于是，那时候的女人备受约束，不得不忍受大男子主义的折磨。而当你把时间轴再往前推时，你会发现，早在奴隶社会，乃至原始社会，在社会分工上早就有类似的倾向：男人肩负着打猎、砍柴等体力工作，女人则负责织作。从生理角度来说，男人的身体、骨骼、肌肉等往往比女人更具力量感。这就造成了男人比女人更适合做一些需要力量的事情。久而久之，便形成了男女之间的依附关系。

女人需要依附于男人的力量，而男人则运用自己的力量为女人撑起一片天。经过岁月的变迁,直至今日就演变成了男生特有的特质——大男子主义。面对这些特质,女生的表现尤为重要。因为,对待这些特质,女生稍有不慎,就很容易陷入不幸福的婚恋中。

蓝蓝就常因男朋友的大男子主义而备受委屈。男朋友事业有成,日常对蓝蓝也多有迁就。但是,有一点却让她难以忍受,那就是他喜欢当着亲朋好友的面挑她的毛病,夸大自己的包容与迁就,有时候他甚至还会故意捏造一些事情,扭曲事实。

这天,蓝蓝带男朋友回家见父母。客厅里,男朋友正与她父亲闲聊:"现在,蓝蓝在我们公司是越来越出名了。那天,我在开会,为了问我点什么菜,她连打了几个电话,连秘书都笑我成了女朋友的专属点菜员了。"

蓝蓝父亲听了这话,对她嗔怪道:"怎么这么不懂事。有什么事不能等他开完会说?"

其实,蓝蓝那天只打了两通电话。原因是他们早早约好了中午一起吃饭,她先到了餐厅,见男朋友还没到就想打电话问问情况。谁知,男朋友临时需要开会呢。后来,隔了一个小时,蓝蓝才又打了一通电话,想问问他想吃什么,自己可以先点着。

没想到自己的好心却被男朋友如此曲解,蓝蓝生气极了。她辩驳说:"我哪有像你说的那样?你可别太过分。"

男朋友立刻接过话头说:"好好好,你没有。你看看你,我就说这么一件事,你就炸毛了。"

第三章
恋爱：初次进入亲密关系

要是在往日，蓝蓝可能不会觉得很难过。但是，今天不一样。蓝蓝开始惆怅地想："以后，如果男朋友继续在亲朋好友面前数落我，我该怎么办呢？"

其实，从某种角度来说，蓝蓝男朋友的行为也是一种大男子主义的体现。在繁重的工作和社会压力下，男友需要在形形色色的人中周旋，这时候，蓝蓝就成了他唯一的发泄口。在他的潜意识里，即使自己夸张地挑蓝蓝的毛病，蓝蓝也不会揭穿他，更不会离开他。他放心大胆地挑蓝蓝的毛病，不仅可以帮他在人前塑造出一种事业爱情双双兼顾的形象，又能满足自己，摆出一副领导做派，何乐而不为？要知道，每个男人都有掌控欲，都渴望领导别人，也都希望自己的出色被认可。

面对男友的这种大男子主义式的挑毛病，蓝蓝不需要当众对质，但可以在事后温柔地说："以后你再乱挑我毛病，我就真的生气了。"也可以郑重其事地与他约法三章："你这么挑我毛病，让我很不高兴，你必须道歉，并且承诺以后不再犯。"以此来杜绝男友养成当众挑毛病的习惯。

不过，不可否认的是，蓝蓝的男朋友在其他方面确实很有担当。例如，当蓝蓝家里出现变故时，男朋友会在第一时间站出来，对她说："没事，我在这呢！我们可以共同承担！"在蓝蓝犹豫是否拖累他时，他会说："我是你男朋友。自己女朋友家中出现变故时，理应站出来。这是一个男人的职责！"

是的，面对自己需要承担的责任时，多数有大男子主义的男生，都会展现出负责、有担当的一面。可以说，这是大男子主义的一大优点。显然，单纯地将大男子主义归为好或坏，都是失之偏颇的。因为，从某种角度来说，"大男子主义"是一个中性词，既可以代表着强势、傲慢、自大和粗暴，也可以代表着刚毅、坚强与责任。因此，不要一味贬低大男子主义的男生，也不要急着把大男子主义的男生拒之门外。要知道，真正的、合理的大男子主义可以成为女生的幸运！

相关链接

性成熟后，男女的力量差异会逐步显现

在性成熟之前，男女生的肌肉力量通常不会出现非常明显的差距，成长到青春期时，他们的力量差距就会逐步显现出来。这是因为：

（1）青春期时，男生的雄性激素比女生的雄性激素多出许多，而雄性激素恰恰就是肌肉与骨骼的营养剂。充足的雄性激素，可以帮助男生快速增大肌肉与骨骼的体积，让他们的肌肉更有力量。

（2）在青春期以前，男生经常参与力量训练，得到爆发力训练的机会，而女生则经常被要求参与一些非力量型或力量水平较低的体育活动。于是，男女生的力量差距就在专项训练中逐渐拉开。

当然，合理的训练能够大幅度缩小男女生之间的力量差距，但是为了安全，女生还是不要跟男生发生正面冲突。

第四章
进阶：身份转变的起始

锁定男生的最后一招

随着交往的深入，女生对男友的感情会越来越深厚，并开始积极准备突破情侣关系，向更亲密的关系发展。但是，有时候，在实现关系进阶的过程中，有些女生会产生心有余而力不足的感觉。她们迫切地想牢牢锁定男友的心，这里就有一个可以帮你牢牢锁住心爱的他的方法，那就是——与他建立相似性。

所有的研究都一致表明，与自己有着相似的兴趣、爱好和"三观"的人往往最能吸引你。与之相遇时，你就能不由自主地产生亲近感。这种现象同样适用于情侣之间。无论男生还是女生，都渴望能找到一个与自己相似、相惜的人，只不过，在相似和相惜方面，男生与女生的指向性往往大有不同。通常来说，女生往往更重视言论的一致性。

男生更希望得到一个兴趣相投的伴侣。换而言之，女生往往更依赖于交流同样的观点来加深彼此感情，而男生则更喜欢通过共事来提高感情浓度。当然，这并不是说男生不喜欢观点相同的人。只是相较之下，男生对言语一致性的要求并不及女生高。在男生看来，最幸福的时光，莫过于和心爱的女生一起做事，在动手的过程中分享彼此的快乐。

第四章
进阶：身份转变的起始

举个例子，男生往往喜欢和心爱的女生一起健身，一起看电影，一起去一家餐厅吃饭。因为，对于他们来说，这是一种非常幸福的体验。

其实，男生的心非常容易锁定。当他发现你和他有着同样的兴趣爱好时，他的内心自然而然地就会涌现出一种惊喜、愉悦的情感。

这种感觉会将你与其他女生区分开来，给他留下一种"你果然是与众不同的"的感觉。那么，我们应该如何表现与男生的相似性呢？

正如前面所说，男生享受和心爱的女生一起做事。那么，女生大可以此作为切入点，陪男生一起做他们喜欢做的事情。

在这一点上，埃及艳后就为我们做了一个非常好的示范。当年，埃及艳后与安东尼交往时，不仅舍弃了自己喜爱的奢华派对，还亲自陪伴喜好钓鱼的安东尼一起去钓鱼。这个贴心的举动，让埃及艳后彻底捕获了安东尼的心。

所以，在日常生活中，陪伴男友一起做他喜欢做的事绝对是个不错的选择。如果他喜欢打篮球，你可以到现场为他加油助威；如果他喜欢看球赛，你可以准备好啤酒，陪他一起坐在电视机前看球赛；如果他喜欢看书，你可以抽空约他一起去图书馆……相信，有了你的陪伴，他就会觉得自己越来越离不开你。

此外，你还可以多和他聊聊他感兴趣的话题。要知道，在聊起他喜欢的话题时，男生的眼睛会发光。举个例子，如果你的男友喜欢踢足球，那么，你可以这样说：

"我前几天偶然听到有人说起越位什么的,也没太明白,什么是越位呀?"

"加时赛一般会加多久呀?无限延长吗?"

"加时和补时有什么区别呢?"

直接抛出男友擅长且喜欢的问题,让他表现,他就会越聊越开心。要知道,这种提问远比不懂装懂更讨人喜欢。因为,你不懂装懂,对方多半都会觉得你虚伪,甚至萌生一种奇怪的想法:跟你没有共同语言。这样一来,即使你选择了对方喜欢的话题,结果也会适得其反。

值得注意的是,在提问时,要避免非 A 即 B 的选择性问题,比如,"是不是""对不对""是 A 还是 B"等。这种提问其实是在诱导男生进行封闭式回答,在回答了"是"或"不是"、"对"或"不对"以后,他们很可能会终止话题。如此,不仅无法让你们的聊天更深入,反而容易让对方产生意犹未尽却又无从说起的挫败感。

当然,与男友建立相似性并不代表你需要完全泯灭自己的其他兴趣爱好。别忘了,谈恋爱其实是一个彼此求同存异的过程。何况,还有研究表明,影响两人关系的不一定是相似数而是相似度。也就是说,并不是你们的共同爱好越多,彼此的关系就越亲密,真正影响你们亲密程度的是单项爱好的相似度。

举个例子,A 情侣间拥有许多共同爱好,但是,他们却经常因为共同爱好发生矛盾。比如,虽然他们都喜欢 NBA,但两人支持的球队却大相径庭;B 情侣虽然只有零星的几个共同爱好,但两人在这些爱好上保持着

第四章
进阶：身份转变的起始

高度一致，看法观点经常不谋而合。B情侣的亲密度自然远胜于A情侣。由此可见，与男友建立相似性并不是说相似点越多越好。其实，只要在某些方面保持高度相似，就足以成为你们亲密关系的纽带。

当你学会了如何与男友建立相似性，也就有了锁定他的心的能力。

相关链接

为什么长期相处的情侣们会越来越像？

经过长期的生活和相处后，情侣身上的相似点会越来越多。这种相似点不仅会表现在言行举止上，还会表现在长相上。这类情况在感情深厚的情侣身上更加常见。

这是因为，人类体内存在一种名为"外激素"的物质。这种物质是每个人与生俱来的，同时，每个人的"外激素"都是独一无二的。当情侣之间亲密接触时，他们的"外激素"就会通过气味进行传递和融合，并对两个人的循环、呼吸和分泌等生理活动进行整合协调。长期以往，情侣自然就会越来越像。

情侣之间的吵架秘诀

在任何关系中，矛盾、不和、争吵等都在所难免。恋爱时，很多时候，这些争吵与不和都会影响恋情的后续发展。有的恋人会在争吵中慢慢分手了，而有的恋人则会越吵越亲密。这些差异其实并不稀奇，因为，情侣之间的吵架也是有秘诀的。

不知道你有没有这种经历：明明自己想跟男友好好聊聊今天发生的不愉快的事情，谁知道，说着说着就扯出了上周的矛盾、上月的不和、去年的争吵，争吵范围不断蔓延，吵到最后，连最初究竟为什么吵架都忘了。彼此只记得对方恶狠狠的表情和相互撂下的狠话。显然，这是一种无效的、伤害感情的争吵。

至今还是有很多女生在不断犯这种错误：翻旧账。她们可能从未意识到，在争吵时翻旧账会让对方感到受挫。

我们先来看一个例子：

男生过度沉迷于游戏，忽略了女生的感受，女生与男朋友发生了争吵。起初，男生也认识到了自己的错误，表情十分内疚。可是，女生一直不依不饶地絮叨："你上次也是这样。我都已经说了很多次了，不要总是因为

第四章
进阶：身份转变的起始

打游戏忽略我。可是，你从来都是这个样子。你之前做过的承诺呢？你每次都骗我。你上一次……"

女生不断地翻出男生过去犯的错误，很少会注意到，男生的表情会从原来的内疚变成垂头丧气。

不可否认，这个男生的确做错了，从前的那些行为也有不妥的地方，可是他垂头丧气的样子却着实让人感到心疼。翻旧账，可以让女生再次宣告对方过去所犯的错误。可是，男生却会产生这样的想法：难道我犯了一次错误，就再也不能翻身了吗？难道我以后还要继续生活在过去的错误的阴影里吗？没人愿意一直承受这种折磨。

被翻旧账的男生一边努力地讨好女生，为自己过去的过错赎罪，一边又对无法回到过去、阻止自己犯下那个错误感到无能为力。如此，他就容易变得恼羞成怒，进而放弃改变。

女生们，这种结果是你们希望看到的吗？显然不是。因为女生翻旧账的目的其实并不在于指责，而是向男生传达这样的信息：你之前做过对不起我的事情，现在必须认错。只是，她们忽略了，每次吵架都是一次新的开始。

比起过去的不和，我们更应该关注眼前。

"翻旧账"不仅会让男生感到丧气，还会不断伤害女生自己。因为在不断翻旧账时，女生其实也在不断重温着过去的伤痛。那些过去的苦楚一次又一次地被自己揭开，就好像刚刚愈合的伤口又一次被揭开一样。所以，男女生吵架，首先就不能"翻旧账"。

此外，在争吵时，口不择言也是导致争吵愈演愈烈，并最终伤害彼此感情的罪魁祸首之一。

有时候，在愤怒之下，个人总是很容易将争吵演变为人身攻击。比如：

"你以为除了我还有谁会喜欢你？"

"我瞎了眼才看上你！"

"就你这样，活该以前被抛弃。"

……

这些话通常都是气话，但是，不能否认的是，这些话只要说出口，都会对深爱着你的对方造成伤害。如果你确实爱他，怎么舍得以舌为刃把他捅得遍体鳞伤？

不过，有些人为了避免争吵，会对引发矛盾的事情避而不谈。其实，假装无事、沉默以对都不是最佳的应对之策。要知道，矛盾不会凭空消失，只会不断累积，一旦在未来的某一天引爆，就会给感情造成致命的伤害。真到了那一天，你们的恋情也就病入膏肓了。其实，良性、不伤感情的争吵应该是这种：就事论事，理性表达自己的感受。

争吵时，如果确实无法控制自己激动的情绪，最好的做法就是深呼吸，平复好情绪，再进行沟通。并且，在沟通的过程中，要理性、客观地表达自己的真实感受，不要对事情的发生做进一步的臆想与揣测。比如，同样是男朋友因玩游戏而忽略你的行为，就可以这样说：

第四章
进阶：身份转变的起始

"你这样忽略我，让我觉得很不开心，我觉得你不在乎我。"

而不是这样说：

"你就是不在乎我，才总是顾着打游戏而忽略我。"

两种说法最大的差别就在于，前者将自己不开心的情绪归为自己的感觉，后者则将自己的不愉快直接总结为对方的行为。两种说法取得的效果自然也就大相径庭了。

同时，还要做到就事论事，不对争吵做无所谓的蔓延。比如，你可以说：

"你只顾着玩游戏，忽略了我的行为，我感到很难受。"

但是，不能说：

"你之前也是这样……你之前……"

要知道，无边界地蔓延，并不能解决眼前的事情，反而还会把事情的影响扩大化。眼前的问题还未解决，反而翻出了更多问题，不利于两人感情的发展。

由此可见，对于情侣来说，吵架绝不是随便吵吵，只有牢牢把握争吵秘诀，才能让彼此感情越吵越亲密。

相关链接

男生女生吵架思维对比

据著名的心理学教授洪兰研究发现，男生说话时，动用的往往只是左边大脑；女生在说话时，所动用的往往是两边大脑。就我们的大脑来说，左边属于语言区域，而右边属于情感区域。换而言之，男生说话时带有的情感成分往往较少；女生则截然不同，她们的言论里大多带有情感的成分。因此，吵架时男女生会展现出较大差异，如图4-1所示：

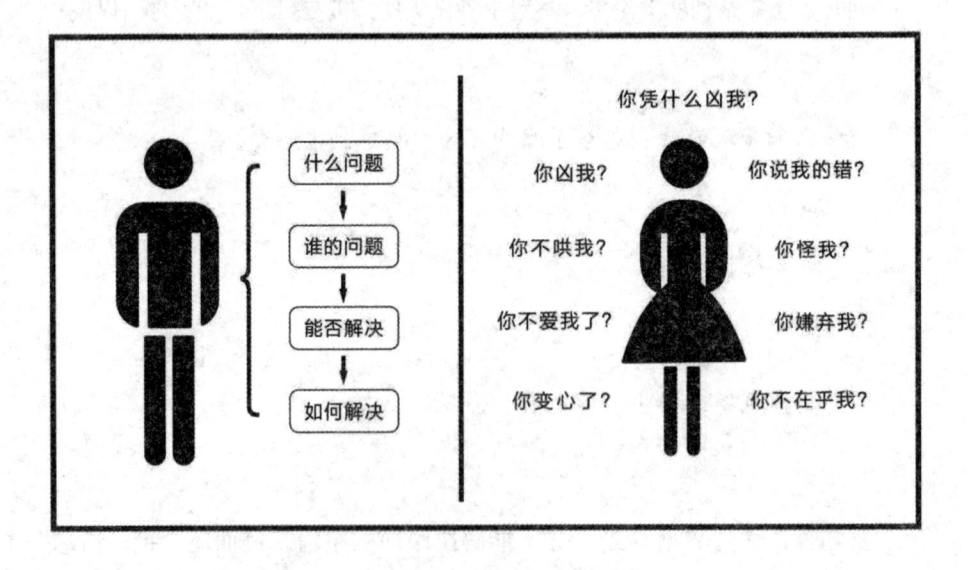

图4-1 男生女生吵架思维对比

第四章
进阶：身份转变的起始

从打开他的好奇心开始

在热恋期，男生并不注重你说了什么、怎么说，但到了感情的瓶颈期，继续保持原有的毫无逻辑的说话风格，或总是谈一些粗浅的谈话主题，就容易让男生对你失去新鲜感和好奇感。要知道，能在交流中引起男人好奇心的女人就像一本书，总会让男人不由自主想去翻阅。

在沟通交流的过程中，许多女生都或多或少存在这样的问题：缺乏逻辑性，表现出来的就是前言不搭后语。长期与这种女生沟通，男生就会感到烦闷和无趣。这时候，如果女生采用程序式聊天，把悬念藏进对话里，不仅可以让自己的表达更具条理性，也能激发男生的好奇心。

所谓的程序式聊天，绝不是让女生去学习电脑程序，更不是要求女生学会写代码，而是要求女生清晰掌握一件事情的逻辑。举个例子，烧水时，你通常都是先用水壶接水，然后把水壶放到炉子上，接着开火，等待水开。其实，这就是一套完整的做事程序。只要清晰地掌握了一件事的程序，就能按照前、中、后的顺序，有逻辑地对自己的语言进行组织和表达。这种表达，会让对方听起来更清晰，也更有层次感。

为了与男友分享自己组织会议活动的经历，有个女生是这样说的：

"组织完这场会议,我的感触很深啊!"如此,就从一开始嵌入了悬念。

这时候,男朋友问:"有什么感触?"

女生回答:"脖子疼。"这种回答,又一次在对话中嵌入了悬念。

听到她的话,男友来了兴趣:"怎么会脖子疼呢?"

女生缓缓解释,说:"还不是因为我要一个一个打电话通知与会嘉宾吗!他们都是业界'大牛',我不亲自打电话,显得不够诚意。而且,我双手还不能停,还要记录参加情况,只能用脖子夹住手机了。你想,那么多嘉宾,我一个个打电话,可不得脖子疼嘛!要我说,我这都成歪脖树了,你可别欺负'伤患人员'啊。"

听了这段话,男生的谈话情绪和兴趣就会都被调动起来。再深究,你会发现,这个小片段其实只是在为男生讲述会议前的准备阶段发生的事情。试想,你稀里糊涂地跟对方讲完会议的整个过程以后,再对准备时的打电话事件进行阐述,会发生什么事情呢?想必对方一定会对你突如其来的跳跃式聊天感到不适应。因为,男生的思维通常都是由逻辑和理性主导的。

当他发现了你聊天内容中的条理或逻辑漏洞时,往往会不由自主地想要纠正你。这时候,他们的关注重心就会被转移到纠正问题上,无法对你的聊天内容保持原有的好奇了。如此,只要谈起你,他们的印象就永远只会停留在逻辑不清这件事上。

当然,分层式聊天也是一个不错的方式。最简单的例子就是,买过水

第四章
进阶：身份转变的起始

晶的人都知道，供货商喜欢对水晶进行分级销售，如 5A、4A、3A 等，不同等级代表着不同水晶品质的差异。在聊天中，善用这种分层技巧，你们的话题将更有延展性，男生也会对有趣的你更好奇。

比如，聊到阅读时，男生问："我喜欢阅读，你呢？"这时候，如果你回答"我也喜欢！"或者"我不喜欢！"你们的话题就可能陷入一种封闭式的一问一答中。

这样回答，结果往往会好很多："我也挺喜欢阅读的，不知道你阅读属于什么层次的？"

显然，对方已经对你的分层感到了好奇："什么层次？读书还分层次吗？"

你再继续回答："那可不！阅读分三个层次，第一层是认真读完整本书；第三层是把书里的内容都吸收了。"

说完第一层时，跳过第二层，直接说到第三层，就能进一步勾起对方的兴趣。对方肯定会好奇地问："那第二层呢？"

你再接着回答："第二层就是像我这样随便翻翻咯。"

显然，这种聊天方式远比"你喜欢吗？我也喜欢"的浅层次交流更生动有趣。

生动有趣的对话能够为彼此提供聊天时的情绪价值，避免因为平铺直叙而引发的尴尬。这种情绪价值能给男生带来新鲜感，吸引男生注意力，让你们的对话变得更加引人入胜，激发男生的好奇心。当他对你的聊天内容、谈话方式越来越感兴趣时，你与男友就不会陷入毫无新鲜感、毫无兴趣的冷淡期。

总之，千万不要以为与男生确立了恋爱关系就万事大吉了。别忘了，任何人都不愿意跟枯燥无趣的人长期在一起生活！别让你的男友对你失去兴趣和好奇心！

相关链接

男人普遍喜欢汽车

正所谓："车是男人的第二个老婆。""女人爱花，男人爱车。"男生喜欢车是与生俱来的天性，许多男生在小时候都非常迷恋玩具飞机、玩具车等玩具。

从生物学角度来说，人是善用工具的动物；而从心理学的角度来说，男生的脑海里充满了征服的欲望。两相结合之下，就会发生这样的关联：在男生看来，工具能够帮助他们更加强大，进而完成征服世界的梦想。比如，车可以帮助他们走得更远。

他听到这些话会兴奋

在社会上，男生间因面子发生争执乃至斗殴的情况屡见不鲜。对于女生来说，这些引发争斗的导火线实在微不足道，令人难以理解。但是，对于男生来说，面子就是他们的生命！

明白了这一点，在与男生相处时，就要多给他们留面子，让他们发自内心感到兴奋。不管你信不信，所谓给男生面子，往往只需要你动动嘴皮子就可以了。尤其是在他的朋友面前，如果你能摆出一副温柔可亲的"小女生"模样，适当说几句赞扬他的话，他一定会为你疯狂。

某个朋友很擅长在适当时候给男友面子。有一次，男友带她参加聚会。餐桌上，她温和地坐在一边，适时给在座的各位朋友倒酒。当别人向她抛出一些不便回答的问题时，她也会温柔地回答道："我们俩之间，都是他做主。这件事情，你们问他就可以了。"之后，这件事情很快就翻篇了。男友虽佯装不露声色，但举手投足间充满了愉悦与自信。

可惜的是，时常对男友说"你敢吗？""你有这种胆子吗？"的女生，始终没有意识到：自己的言行已经深深地伤害了深爱自己的男生的面子。

或许，很多女生总会有这样的纠结时刻：为什么我做了那么多，男友还是觉得我不够体贴？为什么我这么努力，只希望他能变得更好，却总换不回他的好脸色？……出现这种疑问时，不妨问问自己：你给足男友面子了吗？要知道，女生真正的体贴是学会给男朋友留面子。

其实，无论男女，爱面子是每个人的天性。面子是人类最常见的心理需求，是自尊的体现，只不过相较于女生，男生往往更需要维护自己的面子罢了，这时说些让男生有面子的话比说再多的甜言蜜语都会让男生感到兴奋。

那么，怎么说才算是给足男生面子呢？对于男生来说，拥有决定权，本身就是一件很有面子的事情。因为，男生天生就有着一种强烈的控制欲。掌控一切的感觉对于他来说，实在妙不可言。这里的"一切"自然也包括了情侣之间所有的大事小情。所以，当别人问起你们的日常情况时，你不妨说：这些事都是我男朋友做主的。

听你说出这样的话，男友一定会感到十分兴奋。因为，很多时候男生并不需要实际的掌控权，但是他们很需要在别人面前营造出一种"我管着一切""我掌控着所有"的感觉，而你的这句话恰恰正中他们的下怀。

当然，如果你能在外人面前多向男友提出请求，他会更兴奋。因为，你的请求更加凸显了他在你心目中的地位，也凸显了他男子汉的一面。你完全没必要为如何向他提出请求而苦恼，也不必费尽心机寻找请求帮助的机会，有时候只需要对话语进行一番小调整即可——把句号改成问号。

如此，祈使语气就可以自然而然地变成请求、征询的语气。比如，在别人的面前你可以多对他说：

第四章
进阶：身份转变的起始

"亲爱的，可以帮我拿一下纸巾吗？"

"你要不要吃点青菜？"

"你可不可以不要喝那么多酒了？"

……

相信，你征询他意见的样子足以让在场所有男生艳羡不已，也足以让他在别人的艳羡中越发兴奋！

此外，当男生做出令你不高兴的举动时，面子功夫更要做足。可是，现实中不少女生经常在这样的事情上犯错，不是想迫切地纠正男生的举动，就是立刻怒形于色。曾经发生过这样一幕：

女生和男生在路上发生了争执。女生脸色变得很难看，指着男生的鼻子破口大骂："你就是这么对我的？"路人频频侧目。为了让女生平静下来，男生又哄又劝，可是不论怎么哄、怎么劝，都无法让心绪暴躁的女生平复下来。到最后，围观的路人越来越多，男生终于忍不住，拂袖而去。

这里，且不评论当事人行为的对与错，想必大家都看得出来，在这场争执中，女生的行为让男生很没面子。围观路人的指指点点、女生声泪俱下的指控，都是对男生的内心和面子的巨大挑战。在这种压力下，男生做出那样的行为就不足为怪了。设想，如果女生及时控制住自己的情绪，停止对男生的指控,把话留到私下说,想必男生也没有那么容易失去耐心了。

可见,在外维护男生的面子是一件多么重要的事情。

在外给足男生面子,并不会让自己显得低他一等。男生的幸福感往往来源于女生给他的面子,女生越给足男生面子,男友就会越发对她好,也会更爱这个善于给自己面子的女生。

相关链接

男生女生都爱面子

其实,男生和女生都爱面子。只是,从古至今,人们对男人的期望更高,要求也更高。男人往往需要肩负起"成为国之栋梁"的重任,他们的自尊感和成就欲也就更加强烈。不仅人类,在动物世界里,雄性动物的竞争意识与求胜意识更强。

举个例子,在猴群里,公猴会通过打斗的方式来选拔首领。赢了的猴子将成为猴王,而输的猴子则需要付出惨重的代价。拿食物来说,输家所吃的食物都是猴王吃剩下的。如果老猴王在打斗中败下阵来,会面临被驱逐离群的惨状。在这种情况下,雄性猴子自然更渴望胜利。

第四章
进阶:身份转变的起始

那些让他自信心爆棚的话

多数人都喜欢被夸奖和赞美。在人际沟通中,赞美和夸奖是彼此关系的润滑剂,同样适用于爱情。

情侣间的感情基础往往是构建在男女生的互相欣赏与爱慕之上的。也就是说,在爱情中,男生总是需要通过女生的表扬来获取进步的原动力。可以说,来自女朋友的赞美总能让他自信心爆棚!

很多女生都懂这个道理,但多数女生却做不好这件事。举个例子,有个女生非常喜欢赞美自己的男朋友,总是将"你好棒""你真帅""你好厉害啊"这类言论挂在嘴边。起初,男友还很受鼓舞,可是到了后来,这些赞美渐渐失效,只能换来男友平淡的回答:"哦!"

问题究竟出在哪?女生赞美男友的初衷没有错,有这种意识也值得鼓励和表扬,只不过,她忽略了一点——男生想要的赞美绝不是千篇一律的、单薄的赞美。不要急着埋怨男生的要求高。将上面所说的"你好棒""你真帅""你好厉害"等话语挪用到其他人身上,你就会发现,上面的那些夸奖具有很强的普适性,可以对任何人轻易地说出这些话语。这就不难理解,为什么女生的男友会从最开始的动力满满转变到后来冷淡平静的回应了。

所以，夸奖赞美男友并不是张口就来、随便说说，也需要一定的技巧。只有掌握了赞美夸奖男生的技巧，你的话才能让男生变得信心十足。最初级的做法就是：先抑后扬的赞美。这种赞美能让男生觉得你是真诚的，你的赞美都是你的亲身体验。比如，想要赞美男生细心，可以这样说：

"我一直觉得你做事粗心大意，但是看到你为我……时，我又明显觉得你比其他人都细心。"

或者，想赞美男生有主见，可以这样说：

"之前我总嫌你太固执，但是，那天发生了……的事情后，我就觉得其实你不是固执，只是你对事情总有自己的看法，即使面对压力，也能坚持己见。"

两种赞美都是先对男生的某一缺点进行简单阐述，然后描述某件事为男生进行"平反"。先抑后扬式，前后对比，男生听到这句赞美时，就会产生强烈的情感波动，让赞美更深入男生的心中。

不过，在运用这一赞美法则时，要记住：要尽可能详细地描述那些能让你产生赞美意愿的事情。越详细，就越能凸显你的赞美的真实性；越真实，则男生听到时就会越高兴。并且，你选择的那个缺点最好是个人主观色彩较强且不起眼的；而你所赞美的内容则必须远优于缺点。千万不要拿对方

第四章
进阶：身份转变的起始

的人身缺陷作为素材来对比，否则容易适得其反。

更高级的赞美方法可以是：给予他来自社会的赞美。对于男生来说，征服世界、征服社会是一件非常伟大的事情。有时，你一个人的赞美或许并不能引起他的注意，但是，当他听到来自别人的赞美时，一定会发自内心地感到自信心爆棚！一方面，人们都认为，第三方的评价都是公正的、公平的；另一方面，得到别人的承认远比得到"自己人"的承认更加令人愉悦。

比如，下面这两句话：

"那天我闺密还在说，觉得你很体贴呢。"
"我觉得你很体贴。"

两相对比之下，前者所带来的满足感远比后者更强。因为男生总是渴望着得到多数人的肯定，而不是只得到某个人的赞美。所以，赞美的话，也可以用转述的语气来说：

"我朋友那天看到你了，还跟我说……"
"你同学说以前你们一起打球时……"
"我听你同事说……"

可以说，类似的赞美总能让男生在瞬间觉得自己自信满满！

当然，如果你能更高级一点，将"先抑后扬的赞美"与"给予他来自社会的赞美"两种方法糅合在一起，效果会更佳。举个例子，如果你想夸他情商高，你可以这样说：

"和我同学聚餐那天，你的表现太棒了！我同学后来还在说呢，说我运气好，找了个高情商的男朋友。其实，我以前一直都觉得男生在人情世故方面应该比较弱的。没想到，你居然深藏不露，能把聚餐上的每个人都照顾得那么妥当！被同学们一夸，我也觉得自己很有面子呢！"

赞美也是一门技术活，绝不是随便说说而已。

很多时候，只要掌握了赞美男生的技巧，也就掌握了开启他自信心的阀门！聪明的女生都知道，要想让男友变得熠熠生辉，就要让他对自己充满自信！要知道，每个成功的男生背后都有一个善于给他支持和自信的女生！

相关链接

男生普遍具有很强的社会承认欲

心理学学者A.I.凯兹研究表明：男生普遍具有很强的社会承认欲。

所谓社会承认欲指的是希望得到别人的尊重和赞美的欲望。这种欲望一旦得到满足，就能让男生充满干劲，力求向上。从某些方面讲,这种承认欲通常与婴幼儿的自我表现欲密不可分。所以,某些男生喜欢大肆宣扬自己的优势或漫无边际地吹牛。

当然,你可能会说,伟大的人一般都不会吹牛。这是因为,伟大的人都已经得到了社会的广泛认同,已经不需要通过吹牛来向别人宣扬自己的优势了。

亲密关系沟通：掌握情感中的沟通规律

在一起了，为什么还不能直言不讳

"有的话能说，有的话不能说"是一条人际交往定律，但是，当走进亲密关系时，很多人却会将这一人际交往定律抛于脑后。这是因为，在许多人看来，亲密关系需要坦诚相待，需要彼此"知无不言，言无不尽"。

彼此信任、相互坦诚，是情侣关系最坚实有力的基石，对一方有所隐瞒，很容易破坏彼此感情。于是，女生总会把自己的想法通通说给男生听。然而，这样做，不仅无法让男生感到幸福，还容易让两人闹得不愉快。其实，坦诚相待并不等于直言不讳。

一方面，有时对于某些事情，成长环境不同的两个人很难统一看法。举个例子，有个女生从小就习惯用陶瓷制品，而男友的家庭却没有那么多讲究。这时，如果让女生使用塑料制或木制等碗筷，她必会感到不适应，内心肯定有许多想法："不够安全""塑料制品污染环境""木制碗筷受潮容易滋生细菌"……为了照顾男生的情绪，她只能为自己解释"我用不惯"。男生欣然接受，并跟她一起出去采购她用得惯的碗筷，结局皆大欢喜。试想，女生如果一股脑儿地把自己的想法全都说出来，男生会有什么感受？他可能会觉得自己从小的习惯、习性都被踩在脚下，甚至觉得在女生面前

第四章
进阶：身份转变的起始

失去自信。这时候，即使男生嘴上不说什么，心里也一定不好受。

另一方面，对于男生的家庭和亲人，或许你也有诸多看法：可能觉得对方妹妹太受溺爱，可能觉得对方母亲太刻薄，可能觉得对方父亲不够大气……这些都是正常的。因为接触别人的家庭与父母亲，总会遇到诸多不适应。但是，这时候，你把这些本该埋在心里的话原原本本地说给男友听，又是怎样的光景呢？

男友会觉得你不够尊重他的家人。妹妹再怎么任性，也是他妹妹；父母再怎么不好，也是他父母。你从未感受过他妹妹自幼的亲昵，也从未感受过他父母的养育之恩，自然无法体会他对家人的爱。即使他对自己的家人有诸多不满，但血肉之情浓于水，有些话只能他自己说，只能他自己点评，无论你心里有多少不满，都不应该直接说出来。换位思考一下，如果对方对你的父母亲人指指点点，评头论足，你会作何感受？

这时候，你是否还能说直言不讳是亲密关系的基石呢？别忘了，即使有些话是真理，也不该由你来说。

情侣之间吵架、闹脾气最常见。盛怒之下，无论男女，脑袋里都会冒出对对方的许多不满，你可能会觉得男友小气、自卑、愚蠢，甚至会觉得他比不上正在追求你的某某人。这些念头里，总有那么一两处是对方真实存在的缺陷，但当这些话被真实说出来，尤其是在争吵中被说出时，必然会引爆更大的争吵。

下面是一个男女争吵的片段：

女生说:"你怎么这么小气?"

男生说:"我就是看不惯你总是……"

女生说:"你看不惯那是因为你自卑。你自己比不上,所以才看不惯。说到底就是自卑!"

男生说:"我就是自卑怎么了?你看别人的女朋友,你再看看你自己!"

女生说:"别人的女朋友那么好,你怎么不找去?"

男生"哼"了一声,真的如女生所说的那样离开了。

在情侣相处时,类似的争吵屡见不鲜,甚至有些人在争吵时,所说的话与上面的对话如出一辙。这里,我们分析一下争吵中的问题:首先,在某些方面,男生总会萌生出自卑的情绪,比女生更在意自己的自卑情绪。因为他们总希望自己在女朋友面前表现出自信满满的样子。当女生赤裸裸地揭穿他们自卑时,他们会觉得自己的最后一条遮羞布被扯走,在对方面前无所遁形。羞愤之情可想而知。其次,在矛盾爆发最激烈时,男生拿"别人的女朋友"与自己的女朋友进行对比,无疑是火上浇油。这种话一说出口,对方一定大受打击。每个人都希望自己在情侣面前是独一无二的、无可比拟的,当对方听到这种对比时,势必会回应:"你怎么不去找?"

你或许会说:"争吵时,我确实是这样想的。"没错,争吵时,你总能找到对方身上的许多缺点,这些缺点很多时候也是真实存在的,并且你确实也这样想过:别人过得比自己幸福。但是,当你真的口无遮拦地将这些话说出来后,你会发现:直言不讳总会令你爱的人受伤。

第四章
进阶：身份转变的起始

所以，很多时候，情侣之间不一定真的要做到无话不说，坦诚也并不等于直言不讳。两个相爱的人走到一起后，更应该明白：有些话能说，有些话不能说；有些话可以直说，有些话要委婉一点说。只有明白了这点，你才能真正得到一段幸福美满的恋情。

相关链接

为什么女生更具语言天赋？

众所周知，相较于男生，女生在语言表达方面往往更具天赋。这种推论并不是无中生有，生物研究员研究发现，女生大脑语言关键区域里的Foxp2蛋白比男生的高出30%。而在生物学中，Foxp2蛋白又名语言蛋白质，对语言能力发展起着关键作用。Foxp2蛋白越多，意味着这个人越健谈。所以，多数女生自幼就喜欢说话，往往也能更早、更快地掌握更多词汇与句型。于是，女生通常都比男生更具语言天赋。

提示：男人眼中的女人是什么样的

众所周知，男生和女生的思维有很大的不同：男生往往更理性，女生更感性。面对同样的事情，男生和女生的行为与看法总是截然不同。可惜的是，许多男生和女生都没能意识到这点。多数男生习惯于用男生的思维去思考女生的行为，而多数女生则总会从女生的角度去看待男生。男生女生间的矛盾往往也起源于此。

面对这种情况，女生应该告诉自己的是：很多时候，男生看到的女生和女生自己看自己是不一样的。不信的话，先来看看男生对女生的几大看法。

首先，在男生看来，女生总是多变的。"女人心，海底针"说的就是这个现象。这是因为，有时候——在恋爱时，女生对男生的态度往往有异于男生对女生的态度。这种性质总是让他们陷入迷惑和不知所措中。举个例子，男生与女生刚刚交往时，两人之间很可能会出现这种情况：隔日不见，甚至只是几小时不联系，女生的态度就会出现天差地别的变化。男生对此往往感到十分诧异。

其实，女生行为和态度转变的背后都有着复杂的成因。虽然这种转变因人而异，但至少说明一点：女生对男生的前后态度是不同的。女生总是

第四章
进阶：身份转变的起始

希望通过自己态度的戏剧性变化让男生注意到自己，结果多数男生都解读不出女生的用意。

还有一种情况是，在不同状态下，女生的态度和做法也大有不同。举个例子，工作时女生总是通情达理、温柔可人的，和男友相处时，她却会变得任性、爱撒娇。两相对比之下，男生自然就会得出这种结论：女生都是善变的。

其实，女生之所以会发生行为和情绪的改变，往往都与她细腻的内心有关。工作时，她是严谨的、认真的，偏向于以社会目的为交往目的，男生就会觉得她通情达理。恋爱时，女生往往更喜欢表现出自己小鸟依人的一面，她的交往目的更偏向于自己的内心感受。

也就是说，面对不同的社交状态，多数女生的内心会进行一番有针对性的调整，而调整原因通常是不为男生所知的。男生只能看到女生表现出来的差异和不同，并为此感到奇怪和难以理解。

理解了男生的疑惑，就可以理解他们的行为了。通常来说，男生追求女生时，免不了进行一番试探。不管这个男生性情温和，还是坚毅果敢，他都可能对女生进行试探。在一定程度上，就跟他们猜不透女生的心思、觉得女生善变有关。即使是在恋爱中，男生也没有女生那种舍弃自己的勇气。可以说，多变的女生就是令他们头疼的存在。

其次，男生还经常纠结于女生的过去。在他们看来，女生更怀念过去，悼念过去的感情。

但事实往往不一定如此。多数女生一旦开始了新的恋情，就会彻底摒弃过去。男生之所以对女生的过去如此纠结，并不是因为女生做了什么令他误会的事情，而是她们对过去总有着谜一般的眷恋。

男女生之间之所以会存在这种差异，主要就在于，男女生对待现有环境的态度不同。跟男生比起来，女生往往更看重当下，只要男生对他好，或者说没什么不好的地方，她们就会在乎眼前，很少会思考过去。相反，男生其实更加恋旧。不管他们在事业或其他方面是否有所成就，都会对过去念念不忘。这时，在投射作用的影响下，男生就会理所当然地认为女生也有同样的感受。

认清了这一点，你就能知道，其实男生也需要安全感，也会担心你与前任余情未了。所以，对于多数男生来说，前任是他们不能触碰的底线。因此，女生与前任保持距离，不在现任面前多次提及前任，是对目前这份感情的尊重，更能给予现任男友安全感。

此外，男生总会将女生的抱怨视为寻求帮助。因为男生思考事情时，往往是以解决问题为目的。因此，当女生对他们发出抱怨时，他们会下意识地帮助女生寻求一个合理的解决方案。

女生之所以会抱怨，往往都是希望得到男友的安慰和情感支持。如此，两个人就会产生强烈的冲突。相信，下面这种场景你一定不会感到陌生：

女生说："亲爱的，我肚子疼！"

男生答："那多喝热水！如果一会儿还没有好转，就去看看医生。"

第四章
进阶：身份转变的起始

听到男生的这句话，女生多半都会大发雷霆，男生只会对女生的发怒感到费解：自己的回答已经是最好的解决方案了，为什么女生依然感到不满意呢？其实，如果男生这么回答，女生或许就会高兴很多：

"肚子疼？严重吗？我好心疼呀！你试试喝点热水暖暖肚子。如果一会儿还没有好转，就去看看医生！"

这两种回答都是男生发自内心的关心，差别就在于，前者只注重帮助女生解决问题，后者则为女生提供了一定的情感支持。所以，女生们，不要轻易因为男生没有在你抱怨时给你满意的回答而生气。要知道，他们也在努力地帮你解决问题！

其实，男生对女生的误解有很多。同样，女生对男生的误解也有很多。彼此如果能站在对方的立场上进行思考，关系也会变得更加和谐。

相关链接

男生通过行动表达爱意，女生通过甜言蜜语感受爱意

男女生之间最容易出现矛盾的地方往往就在爱的表达上。对于男生来说，行动就是最好的表达爱意的方式。所以，当女生希望自己的男友更爱她一些时，男生很可能会不辞辛苦地帮她做许

多事情：可能会更努力地工作，可能会抽出更多的时间来陪伴她等。但是很可能不会对她多说几句甜言蜜语。殊不知，女生更多的是想要男生多宠爱一下自己，可以是行为上，也可以是语言上。

如此一来，就容易出现这样的情况：男生自认为付出了很多，却始终不能使女生满意；女生则因为迟迟等不到男生说出"我爱你"而委屈不已。

第五章
婚姻：不只是一个仪式

我跟他性格不合怎么办

在所有的婚姻矛盾中，总能听到女人的抱怨：我和我丈夫性格不合。这种抱怨着实令人感到可惜，因为当说出这种话时，往往是女人最绝望的时刻，她可能并不知道，自己与丈夫的矛盾究竟出在哪里。所谓性格不合只不过是找不到问题的根源时的说辞。其实，这个世界并不存在两个性格完全契合的人，也不存在完全不合的人。

在夫妻关系之中尤其如此。众所周知，男人和女人从生理到心理都有着巨大的差异，他们思考问题的方式和解决问题的手段经常南辕北辙。如此，男女的性格自然也就不会完全相符。从另一个角度来看，假设一对夫妻的性格毫无契合之处，他们又是如何从相识走到相知，再到相爱和结婚的呢？不要否认，起码在选择相爱和结婚的那一刻，他们都认为彼此是性格相合的。

由此可见，所谓的性格不合根本就是一个悖论。婚姻上，可能出现多次性格不合的情况，但最大的问题可能并不在于彼此的性格，而在于彼此缺乏相互理解的意识。两个人长期相处，难免会发生摩擦和矛盾，彼此不相互理解，婚姻很容易走向不幸，乃至破灭。到时候，再搬出性格不合的

第五章
婚姻：不只是一个仪式

说辞其实就是一种强词夺理、不负责任的行为。

婚礼上，父亲拉着女儿和女婿的手，认真地提出要求：你们结婚后，要各自拿掉身上的一半性格、一半脾气，去和对方生活。不得不说，这位父亲是充满智慧的。因为很多时候，夫妻相处不一定是 1+1=2，而是 0.5+0.5=1。

夫妻的相处之道不一定是让两人用彼此的棱角磨平对方的棱角，而是要各自主动磨平自己的棱角去包容对方。和谐的婚姻生活，需要的都不是逼迫对方做出让步，而是磨合与妥协。两个从不同家庭成长而来的人势必有各种不同，不管他们多么深爱对方，争吵与不合总会存在。如果两个人都以自我为中心，据理力争，甚至将这些不合上升为两个人的不合适，结果只会两败俱伤，场面也将一发不可收拾。

那么，我们应该怎么做呢？以急性子与慢性子为例。急性子女人嫁给慢性子男人，婚姻会是怎样的呢？毫无疑问，急躁的妻子经常会被慢吞吞的丈夫气得够呛。其实，妻子只要换个角度来看待这件事情，就会发现，丈夫的慢性子并不是一件坏事，慢性子也有它的好处，比如，细致、谨慎。慢性子的人做起事来面面俱到，更能弥补急性子的不足。跟丈夫沟通时，这位妻子尽量放慢自己的语速，在做事时也会情不自禁地配合丈夫的步调。同样，丈夫在她发脾气时，总会温和地安慰她："别急！我有办法！"因为丈夫知道，急性子通常只是脾气暴躁，并没有坏心眼。

从这段婚姻关系中，妻子与丈夫都是站在相互理解、挖掘对方优点的角度上的。妻子理解丈夫性格温暾，并认为慢性子的丈夫更加谨慎细致，而丈夫则理解急性子的妻子只是脾气暴躁，并不是对自己存有偏见。当遇到大事时，急性子的妻子努力放慢自己的步调来配合丈夫的步调，而丈夫则会在妻子急得团团转时安慰她。两个看似好不搭调的人，在互相理解和妥协中，变得越来越亲密。

最后，再提醒一句，要想得到一段温馨甜蜜的婚姻，一定要牢记：婚姻的本质不是索取，而是给予。既不要简单粗暴地为你们的感情贴上"不合适"的标签，也不要再用"性格不合"来麻痹自己！

不管怎样，请一定要记得，相爱时，你也曾觉得你们是全天下最合适的人，如今的不合适往往只是你们不懂得相互理解、不懂得妥协罢了。

相关链接

怎样的婚姻才算完美婚姻？

在一段婚姻关系中，男人和女人对婚姻满意度的看法往往截然不同。哈佛大学心理学家曾指出：对于男人来说，独立自主才是值得骄傲的婚姻；而对于女人来说，婚姻最重要的莫过于男女处于同一张关系网中。

换而言之，对于男人来说，如果他们具备养活一家子的能力，就会对这段婚姻的满意度相对高出许多；而对于女人来说，幸福完美的婚姻指的是夫妻之间具备良好顺畅的沟通。

第五章
婚姻：不只是一个仪式

蓝色的耳朵与粉色的嘴巴

一直以来，沟通壁垒都是男女关系中的世纪难题。

"为什么我老公不听我说话？"

"为什么我男朋友总觉得我无理取闹？"

……

"鸡同鸭讲，无法沟通"让许多度过了热恋期，开始经历磨合、平稳期的情侣、夫妻倍感煎熬。难怪有些人会这样形容男女关系：男人女人是两个星球的物种。他们的语言截然不同。如果非要用颜色和器官来区分，结果多半是这样的：男人拥有蓝色的耳朵，女人拥有粉色的嘴巴。

两个截然不同的颜色，两个作用相反的器官，正好形象生动地诠释了男人和女人的差异。所以，想要解决沟通问题，首先就要明确一个问题：男女之间的差异究竟在哪里？

其实，很多时候，男女之间的沟通问题并不能单纯地用对和错来形容和区分。因为，男人和女人的思维模式和沟通方式往往南辕北辙。如果无法互相理解、换位思考，就会产生很多矛盾隔阂。

男女间的沟通壁垒是与生俱来的。不过，这并不代表男女关系就一定是针尖对麦芒。要知道，现实中很多情侣和夫妻都能好好交流、好好沟通。只不过，需要男女双方的共同努力。

我曾经在餐厅里看到过这样一个场景：妻子絮絮叨叨地对丈夫倾诉着自己一天的经历，充当倾听者的丈夫却表现得十分敷衍。面对妻子的喋喋不休，他的回应往往只有简单的"嗯""哦"。很快，两人就爆发了激烈的争吵，并最终演变为"你是不是不爱我了？""你怎么总是无理取闹？"的争论。

相信，这一幕对很多人来说并不陌生，甚至很多夫妻的相处模式与他们如出一辙。其实，这些争论本来是可以避免的。

拨开迷雾，不能将焦点放在是非对错上，应该放在现实的男女差异上。比如，背负压力时，男人和女人的态度和解压方式会截然不同：

女人会不停倾诉、倾诉、倾诉……很多时候，当她们把自己的一腔苦水倒完了，压力、不满也就随之消散了。

男人会一个人默默地将压力、不满消化掉。于是，男人面对压力时的外在表现就是沉默。

可见，面对相同的情况时，女人更喜欢倾诉，而男人更喜欢沉默。这本身就是冲突之一。这种冲突从本质上来说，是因为女人是感性动物，而男人是理性动物。倾诉对于女人来说，是最有效的减压方式；而男人则或多或少具有英雄情怀。他们会认为,作为堂堂男子汉,自己就应该扛起所有压力。因此,面对压力时,他们更喜欢一个人安安静静地内化。这也从侧面印证了"男人拥有蓝色的耳朵,而女人拥有粉色的嘴巴"这句话。

同时,男女之间还存在另一个冲突——思维导向的冲突:男人思考时更多的是以结果为导向,女人则更看重过程。这种思维导向的差异直接导致的结果就是,男女之间矛盾层出不穷。下面,是网络上流传的一个小笑话:

女生对男友说:"亲爱的,今天吃药时我看到一则有趣的新闻。"

男生闻言回应道:"什么新闻?"

之后,两人谈论的话题就转变成了女人的控诉:"你为什么不先问我为什么吃药?"

男人不胜其烦:"你怎么总是无理取闹?"

虽然这只是一个小笑话,但是它的确是男女间的沟通壁垒的真实写照。

男女之间的差异客观存在。女人会将这种差异归因于"你不爱我了",男人则会将这种差异归因于"你不可理喻"。但是,面对差异时,彼此都只站在自己的角度去看待问题,只凭自己的喜好、倾向和态度去解决事情,争吵就在所难免。一旦争吵越来越频繁,隔阂越来越深,原本亲密的关系就只能依靠冷战来解决,如此关系距离破裂也就不远了。

不过,将同样的交谈放在同性之间,结果可能就大大不同了。比如:

女人对丈夫抱怨某人时，丈夫可能会回答："其实，这件事你要这么看……或许你可以试试这样做……"

如此，他们的谈话很快就会演变为争论，甚至是争吵冷战。围绕的主题也不再是那个惹怒女人的人，而是"你是不是不爱我了""你怎么总是无理取闹"。

但是，如果谈话对象换成女人的闺密呢？又会发生什么情况？

"那个某某今天居然……"

"什么？她居然这么过分？"

"就是就是，而且她还……"

…………

女人的不快也会在你一言我一语中慢慢消散。

要想解决男女沟通问题，最重要的就是要换位思考，相互理解。就像上述案例一样。

从本质上来说，男人原本是想帮妻子从根本上解决问题的。可是，这种回答并不是满心怨怼的妻子希望听到的，她更希望得到丈夫的情感认同和支持，之后就会纠结于"你是不是不在乎我""不在乎我的感受了"等问题。

其实，只要你充分理解丈夫的良苦用心，认真思考他们的提议，就会发现，其实他也很关心你。如此，也就不会因为类似的沟通不畅而怀疑"他是不是不爱我，不在乎我了"。同样，如果男人能够照顾女人的情感体验，及时给她提供她所需要的情感支持，你们的关系自然也会更加甜蜜。

> 相关链接

男女生表达方式有什么差别？

在沟通过程中，男女之间除了思维模式、情感模式的差异外，沟通模式同样存在差异。男生大多直爽，往往有一说一；表达时，往往会直截了当地阐明观点。而女生大多内敛害羞，表达时往往更加委婉。

下面这幅图，就可以生动地为我们展现男女沟通、表达模式的差异，如图5-1所示：

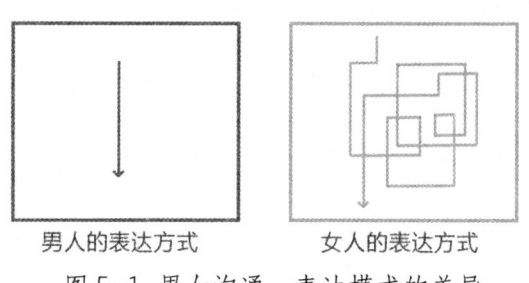

图 5-1 男女沟通、表达模式的差异

显然，"直肠子"的男人和"委婉"的女人是很难聊到一块儿去的。要想达成良好沟通，女人就要理解男人的"直肠子"，而男人则要认真解读女人的话。

没错，我就是一个小女人

婚姻幸福是许多女人最渴望的事情，不过社会上存在这样一种怪现象：有些女人明明很优秀，婚姻却不美满。通常，这类女人工作能力都很强。在外面，她们雷厉风行，是人人仰慕的女强人；回到家中，卸下一身疲惫，却寻不得一个良人相伴。

有些人将这种际遇归为上天的安排。在他们看来，上天给予女强人强悍的工作能力以及人人敬仰的光鲜，势必要收回某些东西——美满的姻缘，以示公平。于是，有人问："难道女强人就得不到幸福美满的婚姻吗？"不然！

多数女强人得不到幸福的原因是，她们只知道如何在职场中运筹帷幄，而不懂得如何经营自己的小家。但是，并不是所有的女强人都得不到美满的姻缘，在这个世界上，也有很多女强人实现了工作与家庭的平衡。她们的秘诀很简单，那就是：像经营企业一样认真经营一段婚姻。

很多人都没意识到：婚姻也需要经营。有些人把领结婚证当作爱情的终点，仿佛拿了结婚证就意味着以后的日子可以高枕无忧了。殊不知，领结婚证只是一个开始，真正的经营在往后的每一天、每一个细节里。许多女强人恰恰犯了这种错误。很多人以为只要结了婚，就可以全身心地投入

第五章 婚姻：不只是一个仪式

工作，不再有"剩女"的后顾之忧了。谁承想，长年累月下来，事业终于有成，婚姻却亮了红灯。

有这样一个女强人，她是公司副总，掌握着一手客户资源。她在工作上说一不二，决策果断有力，是人人钦佩的"拼命三娘"。她将公司事务看得比什么都重，因为公司有半壁江山都是她一点一点打拼下来的。

每天深夜，公司里总会亮着一盏灯。灯下是她撰写方案的身影。可以说，早出晚归就是她日常生活的写照。直到有一天，丈夫受不了了，向她提出了离婚。原因是，她一心扑在工作上，家不像家，毫无温暖。

不要觉得这位丈夫无理取闹，因为婚姻本就是两个人的事。每天都不着家的女强人确实也应该反思自己的行为。要知道，把每一天都过得热气腾腾才有家的味道。

结婚的意义在于让家变得温馨甜蜜，而不是让家变成一个空荡荡的房子。也正是因此，小女人才比女强人更容易获得幸福。因为在多数小女人心中，家庭超越一切。她们的生活重心就是，打造一个幸福美满的小家，把自己这个小家经营得热气腾腾。

当然，我们并不要求所有女人都为了家庭放弃自己的工作和事业，只是想告诉那些正在哭诉自己得不到幸福的女强人：要想得到幸福婚姻，就要回归家庭。并且，回归家庭并不只是人回归，还要做到心态和状态的回归。

但要想做到这点，并不容易。有的女强人确实会为家庭、丈夫预留时间，但是很多人依然得不到自己想要的美满幸福的婚姻。我们可以看看下面的生活片段：

"你瞧你，这点小事都做不好。"

"你不应该……而应该……"

"你怎么总是把事情搞砸？"

"别做了，我来吧！一点小事都办不妥！"

……

听到这些话时，你是什么感觉？无奈？愤怒？或是伤心？相信，不管什么感觉，都可以用"不适"二字来形容。可以想象，女强人的丈夫在屡屡听到这种话后，会对自己的婚姻多么无望。

可惜的是，这并不是某个人的过错，而是许多女强人的通病。曹公在《红楼梦》里借宝玉之口说的那句"女人是水做的，男人是泥做的"道出了男人女人相处的精髓——每个男人都希望自己能得到妻子的温柔以待。女强人总是把自己在工作中的语气和状态带回家，只能给丈夫带来痛苦的婚姻体验。这种居高临下的态度，着实不是一个妻子该有的。要知道，在婚姻中，没有上下属的关系，只有夫妻间的相互扶持。

如果你是一个女强人，你回到家中时，一定要及时切换回小女人的状态。所谓小女人，不是要求你用卑微的态度面对丈夫，也不是要求你放弃自己的事业，而是要体贴丈夫，温柔地对待他。举个例子，在丈夫口渴时，你可以及时递上一杯温水；在丈夫抱怨身体乏累时，可以为他捏捏肩膀；还可以窝在丈夫的怀里撒撒娇……

第五章
婚姻：不只是一个仪式

在外女强人，在家小女人！只要协调好工作与家庭的关系，学会切换身份，优秀的女强人一定可以收获美满幸福的婚姻。

相关链接

幸福的家庭是需要经营的

影响一个家庭幸福的因素有很多，经营家庭更不是随随便便就能完成的。在家庭中，我们每个人都要扮演好自己的角色，做丈夫的好妻子，做妻子的好丈夫，做孩子的好父母，做婆婆眼中的好媳妇。

聪明的人不妨把你的另一半当成你的合伙人，像经营公司那样经营你们的婚姻，共同创造幸福，努力提升家庭的幸福值。

有时候太含蓄并不是一件好事

中国素来有"含蓄美"一说。许多人认为：有些话说得过于直接，容易给人造成不好的感觉；相反，"欲说还羞"反而更显得耐人品味。于是，"含蓄美"一度在两性关系中流行开来，即在男女交往的过程中，为了给对方留下朦胧美和神秘感，任何一方在说话时都不可太直白。在传统印象的影响下，多数人都是这个观念的实践者。然而，在婚姻中，有时候太含蓄并不是一件好事。

在如今这个"鸡汤"盛行的年代，女人或多或少都受到了"毒鸡汤"的荼毒："真正的爱情不需要通过言语来证明。""懂得你的沉默的男人，更值得嫁。"……其实，多数的"鸡汤"都只是为了博人眼球，骗取流量，很多内容不能尽信。要知道，美好的婚姻是建立在良好的沟通上的，而沟通的第一步就是要摒弃"过度含蓄"的习惯。

在很多人以往的认知中，"含蓄"是一个褒义词。古人推崇含蓄，多数人也都具有含蓄内敛的性格。但不得不承认，含蓄之所以称为"美"，一定有其特殊魅力存在。我们所提倡的"摒弃过度含蓄"，重点在于"过度"二字，而不是完全否认含蓄的价值。因此，在肯定含蓄美的优势的同时，也要意识到：

第五章
婚姻：不只是一个仪式

在夫妻沟通的这一门大课里，"过度"含蓄会成为有效沟通的绊脚石。

我们可以把"含蓄"通俗地理解成，为了不给对方造成不好的感受而不直接表达自己的想法。实际上，对于夫妻来说，多数无休止的争吵都是因为对方的"拐弯抹角"造成的。在争吵中，如果有一方不愿直接表达自己的想法，对方无法了解自己的真实感受，就可能造成误会。你认为的含蓄，在对方看来，有可能是含糊其词、不肯直面，这也是"含蓄"成为有效沟通绊脚石的根本原因。

许多踏入婚姻的夫妻表示，比起大事，他们更容易因为小事而争吵。这是因为，一旦确立了婚姻关系，两人开始了朝夕相处的生活，每天都要一起"处理"一桩桩小事。但是，很多时候，两个人都可能会对某件事持有不同观点。这时候如果他们因沟通不到位而无法互相理解，就很容易产生摩擦。这就是所谓的"婚姻无小事，堤溃蚁穴"。

例如，女人挤牙膏时习惯从尾端开始挤，挤完顺手放回原位；而男人大大咧咧，喜欢从中间开始挤牙膏，挤完后随手乱丢乱放。女人见状，觉得不顺眼，又怕对方觉得自己矫情，便把不满藏在了心里，只是简单地说一句："我觉得牙膏从尾端开始挤更好。"听到妻子这样轻描淡写的一句话，男人自然不会放在心上。此后，他依然我行我素地做着令妻子不高兴的事。

这个例子中发生的事，你可能觉得只是一件小事，可以视而不见。女人起初也是这么认为的，但久而久之，无数的小事加起来，让女人喘不过气来："我明明已经强调过了，那样做更好，你怎么就不放在心上？"于是，小事变成一个个定时炸弹，随时都可能变成吵架的导火索。

女人天生就比男人容易陷入自我感动中。在沟通时，许多女人总是十分含蓄，不愿意直接表达自己的想法，甚至美其名曰："我是在照顾他的感受。"但是，这种行为只能感动自己。只要不明示，对方这次所犯的错还会在下一次继续发生。到了那时，女人会更加抓狂，觉得男人不了解自己的苦心，矛盾就会愈演愈烈，直至争吵不断。其实，多数男人也很委屈，他甚至不知道你究竟为什么生气。因为，上次发生同样的事情时，你的反应并不强烈。

对于这种情况，最好的解决办法就是：不要太过含蓄，直接说出你的想法和感受。有时候，女人很容易陷入这种困局：为了不让对方不好受，就不直接表达；但与此同时，又希望自己的含蓄表达能被男人理解。如果男人不理解，女人就会生闷气。这种行为乍一看似乎很荒唐：女人不仅完全背离了初衷，还把自己搭了进去。但现实生活中，依然有很多女人在重复着这种"荒唐"行为。

由于先天的差异，男人和女人的思考方式本就大不相同。有时候女人之所以喜欢让男人"猜"，是因为她们担心从自己口中说出来的话会伤害对方，希望能从对方口中听到自己想要的答案。可惜，在这个世界上，一击即中的事情根本都不太容易发生。你让对方猜，其实也是让自己猜，猜自己下一秒会不会因为他的答案而大发雷霆。与其把心情压在一个不确定的答案上，不如好好思考一番，自己将这个答案说出来。要知道，直接说出自己的想法远胜于等对方猜中。

女人选择了男人，作为人生路上的伴侣，一定也希望这个人能够和她心灵相通。但想要达到心灵相通，就不能含蓄。在婚姻中，有时候太过含蓄并不是一件好事，要跟他认真地沟通，尽情地向他传达你的所念所想。

当然，直接表达也不是一股脑儿地向对方发泄你的负面情绪，更不是肆无忌惮地对对方发脾气，而是更明确、更直接地向对方表达你内心的真实感受。比如，不开心了、不高兴了、难过了、委屈了等。

相关链接

古代女人如何含蓄地拒绝男人

古代，男女的婚姻往往都是由父母决定的，不一定所有人都能满意父母的安排。面对这种情况，男人可能会直接拒绝娶那个女人为妻。但是，对于女人来说，在传统道德伦理观的影响下，总是难以直接表达心迹，只能用含蓄的表达来传递自己的心声。这时候，她们会如何含蓄表达自己的心意呢？

比如，女人对前来提亲的男人有意，就会娇羞地对父母说："终身大事全由父母做主。"如若不满意，她们则会说："女儿还想在父母膝下侍奉。"

再如，如果被意中人所救，女人们往往会说："感念恩人的大恩大德，小女子唯有以身相许。"若救她的人不是自己的意中人，那么女人会这样说："小女子无以为报，唯有来世当牛做马相报。"

对不起，我不要

在传统文化中，拒绝是一件非常困难的事情。有些人难以拒绝他人，是因为抹不开面子；有些人难以拒绝他人，是因为缺乏拒绝的意识；有些人难以拒绝他人，是因为懦弱……总之，要想让我们将拒绝说出口，非常艰难。并且，女人尤甚。尽管现代女人的平等意识日渐增强，但是很多女人不善于拒绝男人，特别是身处婚姻中的女人。对于她们来说，拒绝丈夫简直难如登天。

婚姻中，许多女人之所以不愿意拒绝丈夫，主要是怕关系破裂。她们任劳任怨，体贴本分，宁可委曲求全，也不愿让拒绝成为夫妻间的屏障。如果不信，可以回忆一下某个场景：某天你不想做饭时，会做出怎样的举动？

相信多数女人都会口头抱怨着："为什么总是我做饭呢？""天天做饭真累。""也不知道主动帮帮忙！"可是，即使心中满是抱怨和不满，依然会继续做完手头上的事情。听到妻子的抱怨，男人也很烦躁，但直肠子的他们往往想到的并不是妻子不愿意做家务，而是妻子在抱怨、在无理取闹。于是，夫妻双方都会陷入不满。

女人很委屈："我不想做饭，为什么他不能理解我？"

男人也很委屈："她为什么总抱怨？"

第五章
婚姻：不只是一个仪式

要想破解这种局面，最好的做法就是简单地说一句："我不要！"清楚地告诉对方："我今天不要做饭了。""我不要总是一个人做家务。""我不愿每天忙碌碌还得不到安慰。"……

男人并不是洪水猛兽，你要相信自己选择的那个人。如果他爱你，就会顾及你的合理意愿，不会强迫你做一些事情。如果他爱你，他会给予你合理拒绝的权利，不会责怪你。如果他因你的合理拒绝而对你产生不满，那么，可以很负责任地告诉你：面对这种男人，即使你委曲求全一辈子，也得不到他的怜爱。

因为，这种男人只顾自己，根本不在乎你的感受。试问，你还能奢求他什么呢？难道来者不拒就真的能牢牢锁住他的心吗？如果他在某一时刻提出过分请求，又当如何？要知道，你的步步退让、一味迁就，换不回这种男人的疼惜，只能让他更加得寸进尺。终有一天，会将婚姻逼上死路。

当然，还有的女人会这样说：

"我怕我的拒绝会伤了他的心！"

"我怕我说'不要'，他会难过！"

"我怕他……"

其实，男人没有你想象中的那么脆弱。多数情况下，男人的脑子里都没有那么多弯弯绕绕。你的拒绝在对方听来就是简简单单的三个字："我不要"。所以，只要你的拒绝合情合理，他并不会感到伤心难过。只要他爱你，即使满心失落，他也会尊重你的意愿。因为，他知道，婚姻不是逆来顺受，而是相互体谅。况且，不善拒绝的女人通常都无法知道丈夫是怎么想的。她们往往先预设了自己拒绝后的种种可能，幻想着男人可能因此愤怒和难过，很少会想到——男人可能会尊重她的选择和她的拒绝。

其实，多数时候，男人都很单纯。你不拒绝，他可能就会默认你很喜欢、你很高兴、你也有这样的意愿。如此一来，他就不可能意识到你的不愿意。这种事情发生得多了，你会认为这是对你的强迫和不公，但你始终都不敢将拒绝说出口，连辩驳的机会都不肯留给男人。在这种情况下，男人其实也很委屈。因为，他可能从来都不知道你的不愿意、你的不想要，突然之间背上不顾你的意愿的罪名，对他也不公平。多数男人都愿意尊重女人的意愿，只不过有些女人不给他们机会罢了。如此，你的"不拒绝"也就不是你一个人的事、一个人的委屈了，而是两个人的悲哀。

在其他事情上同样如此。面对一些不想做、不愿意做的事情，最好勇敢地说出"我不要"。比如，男人有家暴行为，仍不愿意离婚时；男人出轨后，要求你与他的情人和平共处时；男人要求你放弃工作，而你不愿意时……对于这些不合理的请求，你有权说"不要"。要知道，说"不要"不是某个人的权利，而是每个人的权利。

爱情从来都不是靠委曲求全得来的，一味地顺从或不拒绝，都不会带给婚姻更好的结局。来者不拒不一定是好事，要知道，面对你不能做或不愿做的事时，勇敢地拒绝才是最好的选择。有原则的女人，才是最美丽的女人。

第五章
婚姻：不只是一个仪式

相关链接

"迎合型人格"并不等于好配偶

在婚姻关系中，有些女人经常做出这种举动：无论丈夫做了多么过分的事，都会默默忍受。这种默默忍受、接纳不是正常的宽容，而是一种委曲求全的讨好，会影响夫妻沟通，导致婚姻出现问题。

在婚姻之初，男人可能会因妻子的这种"讨好"感到愉悦、放松。但是久而久之，只要是一个正常的男人，都会对这种"被讨好"感到不适。这是因为在"被讨好"的同时，男人需要不断地对妻子的讨好表示感激，会觉得对对方有所亏欠。内疚的心理犹如枷锁，将他们层层困住。

有"谎言"的婚姻才真实

在日常婚姻生活中,妻子或多或少都听到过这样的话,其中不乏夹带着一些谎言。

"老婆,我今天有应酬晚点回家。你放心,没有女的。"
"老婆,我的身体没有大碍。之前只是小问题,你放心吧。"
"老婆,我现在工作很顺心。没有什么不顺的地方。"
……

许多女人觉得男人都是"谎话精",对于男人来说,随口撒一个谎比什么都容易。比如,应酬时,他们喜欢告诉妻子——没有女的。比如,自己的身体出了问题,他们喜欢逞强说——之前只是小问题。比如,工作不顺,他们会笑着说——哪有什么不顺?顺得很呢!

其实,这种小谎言总是漏洞百出的。对于女人来说,拆穿这些谎言并不难。只不过,一旦拆穿,女人和男人心里都不会好受。女人会想:"我老公怎么总是骗我?"男人会懊恼:"我之所以撒谎,是不希望老婆担心,

第五章
婚姻：不只是一个仪式

她怎么就不能理解呢？"其实，从某个层面上来说，女人换个心态和方式来看待男人的谎言，可能会更好。对于谎言，女人的关注点不应该在是否撒谎，应该在对方的意图上。

是否撒谎往往不是最重要的，最重要的是对方撒谎的原因。举个例子，应酬场上女人很多，男人却告诉妻子："没有女的。"这里的关键并不在于男人欺骗妻子没有其他女人这件事上，而在于他为什么要说"没有女的"这句话。如果，男人行得端坐得正，担心妻子不开心，善意地说谎也无可厚非；如果男人确实在外面花天酒地，欺骗妻子，他的话就是恶意隐瞒。

多数女人在这方面都非常聪明，总能在第一时间发现丈夫撒谎的蛛丝马迹。但是，她们又不是很聪明，只会纠结于男人欺骗了她们，却不愿意去深究男人欺骗她们的真正原因。一味地给男人定下"谎话精"的罪名，其实是在浪费男人的良苦用心。在现实社会中，既然承认、允许善意谎言的存在，就不要苛求婚姻里毫无谎言的身影。要知道，一段婚姻就如同一个只有两个人的社会，并不是只有黑和白，也不是只有是与非，要告诉自己：因为爱，谎言也可以绽放出美丽的花朵。面对丈夫的谎言，摆正心态，你们的婚姻才能更美好。

不过，正视了婚姻中的谎言后，正确处理男人的谎言也很重要！不要觉得它是无关紧要的小事就放任不管，听之任之不一定是最好的解决办法。男人就像孩子，一味纵容他的撒谎行为，只会让他在撒谎的道路上越走越远。

面对爱撒谎的丈夫，首先就要判断他的谎言属于什么类型。是无关紧要，对你无利也无害的谎言；还是有违原则的恶意谎言；抑或是为你好的善意谎言。

对待恶意谎言，就要坚决杜绝。比如，他与其他女人约会，却欺骗你说自己要应酬或加班。这时，完全可以开诚布公地跟他谈一谈，表明自己已经知道了他的所作所为。这时候，最忌讳的就是情绪激动，胡言乱语。男人都好面子，你情绪激动地公开揭穿了他的谎言，他很容易恼羞成怒。如此，并不能让你更好过，也不能维护你们的感情和关系。这时，完全可以运用"XYZ"的沟通原则来与他沟通。举个例子，你可以这样说：

"你与其他女人约会，却骗我说在加班应酬（X：阐述事件），这给我们的感情带来了极大的冲击和伤害（Y：事情造成的结果），我觉得很难过（Z：你的感受）。"

采用这种沟通方法，你们就能冷静下来，好好说话，不会让负面情绪影响了你的判断和沟通效果。

面对那些无关紧要的谎言，最好不要直接揭穿，完全可以旁敲侧击地用别人的话来提醒他。他说谎了，也可以撒撒娇温柔地告诉他：有些事不必撒谎，你也能理解。还可以微笑地盯着他看，提醒他你并不傻。事实证明，用你的冷静、温柔来融化他的谎言比什么都高效！因为这种做法并不在于吵闹，也不在于逼迫他道歉，只是想提醒对方：有些事你心知肚明，只是不愿意去拆穿罢了。如此，他就不会觉得你蠢笨，可以随意欺瞒，进而从原本撒无关紧要的小谎演变为说原则性的恶意谎言。

任何一段婚姻中，总少不了谎言的身影，过分执着于谎言与真相，反而不利于夫妻关系的发展。

相关链接

女人都是天生的福尔摩斯

经常有人感叹，女人在婚恋时都是天生的福尔摩斯。其实，这种推论不一定完全是开玩笑，而是有科学依据的：

其一，据研究表明，女人比男人更擅长解释非语言行为，随着与丈夫相处时间的增加，女人更容易发现对方的欺骗行为。

其二，男人擅长用理论进行思考，而女人更注重感觉。面对同一件事时，男人多半会借助理论的力量一步步解开谜题，一旦理论在中间出现断层，就很难继续探究下去了，这时多数人都会选择放弃。而女人从来都不看重理论，她们只在乎自己脑海中的灵感闪现。

提示：在男人眼中，什么是性

对于许多含蓄的人来说，性是羞于启齿的。但在夫妻生活中，性又是至关重要的。

对于性，男人和女人有着截然不同的看法和理解，有些家庭甚至还会因夫妻生活不和谐而闹得支离破碎。作为妻子，就要了解在丈夫的心里，性究竟是什么？

当男生步入青春期时，他的心理最先萌发的就是性能量。这里的性能量包括三个内容，即意识、需求与感受。在自然界中，雄性动物为了获得雌性动物的青睐，会费尽心机地让自己看上去更强壮有力、让自己的领土更安全、让自己的洞穴更坚固、让自己的觅食能力更强悍。具备了这些条件，在与其他雄性动物的竞争中，它们才能脱颖而出，取得与雌性动物的交配权，繁衍后代，让自己的基因延续下去。所以，在自然界里，能够让子孙后代得以延绵必定是雄性动物中的佼佼者。同样的道理也适用于人类。

每个人都希望自己的基因能得到延续，当男人看上了女人时，为了追求那位女人，就会努力让自己变得更加优秀。为此，他可能变得更注重外在，也可能更努力学习生存、工作技能，更加努力地追求权力与物质。从这个

第五章
婚姻：不只是一个仪式

意义上来说，性能量不仅可以帮助男人得到女人，也在帮助他不断进步。这种进步往往也有助于社会乃至全人类的发展。从这个角度来说，性能量是男人成长的原动力。

对于男人来说，性代表着生命力，充满了年轻与美好的气息；但是与此同时，他们又受事业观念的影响。尤其是面对繁重的社会压力，男人往往会持有"先立业后成家"的想法，若不是内心强悍的性能量的驱使，他们都宁愿推迟结婚时间。这也是男人与女人最大的区别：多数女人认为性和爱密不可分，而多数男人则认为性和爱应该区别对待。

在感性的女人看来，只有真正爱一个人时，才愿意付出自己的宝贵身体。马斯洛需求层次理论告诉我们，性是基础层次的生理需求，而爱则是更高层次的精神需求，这两种需求可以完全分开，受理智支配的男人更明白这一点。因此，也就有了"女人先爱后性，而男人先性后爱"的说法。

所以，从男人角度来看待性：它不过是一种满足生理需求的过程，是爱的重要组成部分，但爱却不是性的最重要的部分。性与爱结合固然是好事一桩，若无法结合，对男人来说也不是一种遗憾。

女人与丈夫的感情，平淡如水，濒临破碎，丈夫经常夜不归宿，为了留住丈夫的心，她四处寻求取悦丈夫的方式。丈夫虽然偶尔也会流连于她的温柔乡，但只要离开了床笫，丈夫便会恢复原来的淡漠。她百思不得其解，明明自己已经尽量满足丈夫的要求了，为什么始终留不住丈夫呢？其实，企图用性来绑住男人的女人是愚蠢的。

男人可以因为爱而性，却不可能因为性而爱。用性维持的夫妻关系更多的是建立在激情的基础上，一旦激情消失，性就会变得索然无味，如同鸡肋，毫无吸引力可言。

性生活不和谐，只是引发夫妻矛盾的一个原因，并不是夫妻矛盾的根源所在。试图用性挽留男人，只会错过真正的矛盾根源，并最终导致婚姻关系的夭折。要想维持长久的婚姻与爱情，就要努力培养亲密感。当然，有的女人很可能因此而执着于追求柏拉图式的爱情。这又是另一个误区了。

柏拉图认为，性欲充满了罪恶与肮脏，唯有精神与灵魂是圣洁美好的。所以，他提倡人们要抛开性欲，追求心境平和、高洁美好的精神恋爱。但现实中，男人和女人之间的爱恋与性能量息息相关，他们的亲密关系会受到性能量的驱使。即使是柏拉图式的恋爱，缺少了性能量的参与，男女之间也无法产生好感与依恋。同时，即使是柏拉图式的恋爱，也无法完全摒弃生理基础。这种圣洁的爱恋，只有极端的人，才能感受到其中的快乐。

在婚姻关系中，尤其如此。没有性的存在，婚姻将举步维艰。在爱情的基础上享受性生活，夫妻双方才能加深爱恋，巩固关系。

夫妻生活与性生活有着千丝万缕的联系，不要谈性色变，也不要羞于启齿。在日常生活中，多与丈夫交流性体验、性感悟，有助于夫妻关系的维系，促进和谐性生活的发展。而且，了解了男人对性的看法，你也就更能把握住男人的心。胡乱猜测与尝试，只能让彼此的关系越来越疏远。

相关链接

男女性需求的差异

有国外学者研究称,男人平均每分钟就可能联想到性方面的事情,因此男人的性需求总是比女人强烈。无独有偶,阿伦·皮斯夫妇也在书中向人们展示了男人与女人的大脑的差异。如图5-2所示。

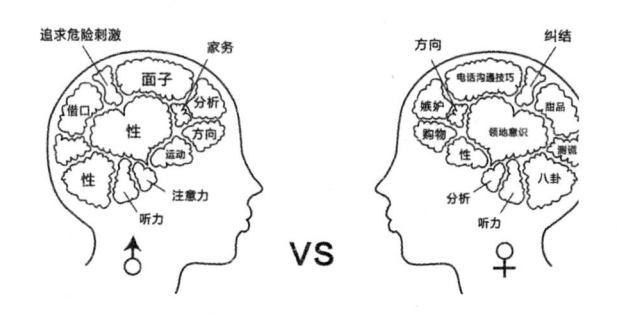

图5-2 男女大脑思维结构图

从图中我们不难发现:男人的大脑里,性的占比较大;相反,女人的大脑里关于性的内容却少得可怜。两者对比之后可见,男人对性意识的主控区域远超女人。这种研究也从某个方面证实了一句话:"男人脑子里全是性!"

第六章
经营：婚姻就是一份事业

和男人沟通什么时候效果最好

对于语言天赋出众的女人来说,沟通是日常生活中最重要的组成部分,因此,她们总喜欢对丈夫说"我们谈谈吧""我们需要沟通一下"这类话。但是,对于男人来说,"沟通""谈谈"往往带有些许不好的意味,当女人对他们说出类似的话时,他们总会想起正襟危坐的谈判场面。因此,在夫妻关系中,总会出现这样一幕:一个想方设法沟通,一个想方设法逃避沟通。

这里,我们需要肯定的是,女人重视沟通、主动沟通的做法是正确的。对于婚姻关系来说,沟通是推进关系必不可少的一个环节。只有加强沟通,夫妻之间才能更清楚地了解彼此的想法,避免误解和误会的发生。为了不让夫妻关系陷入僵局,面对男人这种不善沟通、不愿沟通的生物,女人必须担任起主动沟通的角色。既然如此,那为什么会出现这种"你追我逃"的情况呢?

难道完全是男人不配合的错吗?对此,女人又该怎么办呢?

其实,出现这种情况并不完全是男人的责任。很多时候,沟通会出现问题,并不是沟通本身的错,而是采用了错误的沟通模式。在深究男人为什么不愿沟通之前，女人最好先反思一下自己的沟通模式。

家是我们放松、休闲的地方，结束一天紧张的工作后，任何人都不愿意面对妻子的盘问，更不愿意跟妻子正襟危坐地谈判。当丈夫意识到自己身处高压、毫无喘息机会的环境时，自然就会产生想要逃跑的意念。

如果你也明白这一点，你就会知道：营造良好的沟通氛围会让你们的沟通事半功倍！如果你想就某几件事跟男人好好谈，就要选择一个良好、轻松的氛围。

一天晚饭后，一对夫妻漫步在夜空下，吹着凉爽的风，丈夫的心情十分放松。

这时，妻子温和、不带任何责怪语气地说："老公，前几天晚上，你出去打麻将，深夜才回来。我很担心你的安全，整个晚上都在等你。结果，你回来什么都不说倒头就睡。我觉得很难过！"

丈夫听到这话，立刻搂住妻子说："对不起，是我的错！我不应该这样！老婆你原谅我好不好？"

妻子又说："那你保证以后都要早点回家！别让我担心！"

丈夫连连答应道："好好好！我保证以后都不会那么晚回家了！"

两人继续甜甜蜜蜜地散步回家。

这才是真正有效的沟通。如果换一种场景和模式，采用开头的那种沟通模式，又会怎样呢？

妻子说:"我们谈谈吧!"

丈夫问:"谈什么?"

妻子答:"前几天的晚上,你出去打麻将到深夜才回来。我很不高兴!"

面对严肃的妻子,丈夫也只能答:"哦……"

这种对话不免生硬,如果得不到丈夫的良好回应,有些妻子还会大发雷霆,继而发生剧烈的争执。如此一来,又怎能一味责怪男人不愿意与你沟通呢?要知道,任何男人都不希望一与妻子说话就陷入争吵。

通常情况下,与男人沟通的最佳时间应是在晚饭后,因为酒足饭饱后,男人的内心会逐渐回归平静。相反,像刚下班、准备上班,或者准备睡觉时,都不是最好的沟通时间。因为,这时候的男人要么火急火燎赶着上班,要么疲倦不堪希望得到休息和独处,你非要拉着他进一步沟通,自然无法收获好的结果。

选择了和谐轻松的沟通时间,如何开启沟通也很重要。千万不要一本正经地对男人说"我们谈谈吧"!

既然已经选了适合沟通的时间,营造出了轻松的沟通氛围,就不要用一本正经的开场白来引出沟通,否则会让你的精心准备功亏一篑。听你说出类似的词语,他会不由自主地绷紧神经,会觉得你肯定又对他什么地方表示不满了。所以,与其严肃地跟男人说"我们谈一谈吧""我想跟你沟通一下",还不如放松心情对他们说:"老公,我们来聊聊天吧!"

聪明的女人会选择合适的时间,与丈夫展开一场轻松的交流,而不会随时随地与丈夫正襟危坐地沟通。

相关链接

男人的"洞穴期"

男人都习惯独自承受压力、挫折与委屈,需要一定的时间和空间对自己的痛苦进行消化。用形象化的比喻来看,当男人心里累积了一定量的压力后,就会躲进一个"洞里",对自己进行治愈。这种情况被称为男人的"洞穴期"。

在这段时间里,他们更希望得到独处的时间和空间,不希望被任何人打扰,包括妻子。因此,如果丈夫突然变得冷淡,先别急着猜忌对方是否出轨、是否变心,或许他们正处于需要安静的"洞穴期",给他一点时间,待他们调整好状态,再进行交流!

你可以悄悄比他优秀

当你告诉一个女人"丈夫比你优秀"时，女人的表现往往都很自然，甚至满带自豪；但当你告诉一个男人"你的妻子比你优秀"时，男人的表现总会有些不自在。

无论在东方还是西方，都有这种现象。这是因为，在多数男人看来，妻子比自己更优秀会显得他们特别懦弱。

这也是"女强男弱"的婚姻不幸福的原因。多数男人都无法接受妻子比自己更优秀、更出色。职场女强人在这方面就会显得十分苦恼：跟丈夫探讨工作上的问题，丈夫会觉得她是在向自己叫板，似乎无时无刻都在告诉自己："你看，我比你强吧！"

你可以把这一切理解为：每个男人都希望自己能够为妻子遮风挡雨。从古代起，男人身上就肩负着保护妻子、为家庭打拼的使命，一旦感觉得到妻子比自己更强，而不需要依附于他们时，内心就会感到异常失落，甚至对自己的能力表示怀疑。一个男性朋友曾经说过这样一句话："我对自己的要求是收入一定要是妻子的2—3倍。"

男人确实非常在意自己是否比妻子优秀，不过男人也不希望女人完全

第六章
经营：婚姻就是一份事业

依附于他们。对于他们来说，完全依附于他们、不愿独立的女人虽然能在短期内给他们充足的成就感，但时间长了，他们也会觉得厌烦。毕竟，人总是喜欢追求更好的。

看到妻子远远不如自己时，男人就会将目光转向其他女人。因为，他会觉得自己如此优秀，应该配一个更好的女人。这也是我们不提倡女人在婚后完全抛弃事业和工作的主要原因。

女人与丈夫结婚后，直接辞职回家，做了全职太太。她每天忙里忙外，一心想成为丈夫最坚实的后盾。可是，这种选择并没有换来丈夫的感激与体贴，反而让他们的婚姻陷入了危机。

原来，成为全职太太后，她似乎变得"不优秀"了。她不再打扮，也不再提升自己，虽然每天都很忙碌，但也只是围着厨房、灶台、孩子转。任何人都无法否认她对家庭的贡献，但她确实失去了原有的光彩，最终丈夫出轨，向她提出了离婚。

离婚时，丈夫说："你没有独立的经济能力，凭什么抚养孩子？"

丈夫的这句话噎得她哑口无言。她也很后悔：她一开始放弃事业、放弃工作就走错了路，最后只能彻底沦为一个只知家长里短且目光短浅的女人。在婚姻失败这件事上，丈夫负有主要责任，但正是她自己断送了那个曾经光彩照人的自己。

所以，女人一定要优秀！任何情况下，都不能放弃提升自我的机会。

只有优秀，才能让你在前进的道路上所向披靡，无所畏惧。不过为了照顾丈夫的面子，优秀如你也要争取悄悄比他优秀！

如果你确实比丈夫优秀，最好不要大肆炫耀你们之间的差异，否则会刺激他的自尊心。如果男人大度，或许还能为你庆贺；反之，小气的男人说不定会对你大发脾气。与其让你的优秀成为你与丈夫亲密关系的绊脚石，还不如偷偷藏起来，把优秀的机会让给他，比如，可以试着向他示弱。

很多优秀的女人都不擅长向男人示弱，因为她们认为，向男人示弱就是踩着女人的脊梁讨好男人。可是，夫妻之间既不能有高低贵贱之分，也不应该有强弱对比。向男人示弱，对女人来说，也是一种智慧。举个例子，你可以这么对丈夫说：

"这些事情我不太会，老公能不能帮帮我呢？"

"老公，我今天好累呀，你能不能打扫一下房间呀？"

"老公，我觉得你比我更擅长处理这些事……"

…………

向男人示弱，其实就是要告诉他：你很重要。有些事情是他能完成而你无法完成的，熟练运用这一技巧，男人就会为自己的"重要性"而高兴不已。即使他表面上不流露，内心也会充满动力，更乐意帮你做更多的事情。这种说法远比直接命令他"喂，你去把房间扫了"或"你去倒垃圾"更容易被他接受。

第六章
经营：婚姻就是一份事业

优秀的女人是迷人的，但咄咄逼人的优秀女人总会让男人避之不及。上进的女人总希望自己优秀点、再优秀点，却不知道你对自己的这种高要求，会给男人带来极大的压力。所以，与丈夫相处时，你可以优秀，也必须优秀，但要悄悄比他优秀。

相关链接

男人的"好色"本质

男人都爱美女，但并不能代表他们都是肤浅的。男人之所以好色、爱美女，多数都是受男性繁殖本能驱使。从生物进化的角度来说，美貌象征着健康和生殖能力，是繁衍后代的有力保障。从心理的角度来说，女人的外貌有助于提升男人的面子，娶得一位美娇妻代表着这个男人有能力。

不过，男人择偶并不是只看外貌，很多优秀的男人都娶了相貌平平的妻子。女人的聪慧、温柔、体贴、善良、富裕等都能左右男人的择偶，如果长得更美丽，他们会更加满足。记住！这个世界上从来没有丑女人，只有懒女人。

把情话的功效放大100倍

步入婚姻后，夫妻双方总是很容易松懈下来。柴米油盐多了，甜言蜜语少了。

有些人会认为，老夫老妻了，还说什么甜言蜜语呢？于是，夫妻间情话越来越少。其实，老夫老妻，更需要有甜言蜜语相伴。

男人都喜欢听妻子的情话，虽然他们嘴上说着"老夫老妻了，不必太多甜言蜜语"这类话，但是每每听到妻子的甜言蜜语，都会忍不住开心。如果妻子所说的情话无法打动他们的心，人们就会觉得是男人不喜欢情话。其实不然。更多的可能是，你没能把情话说对！

男人的思维总是直来直往的，对于一些情话，往往只能通过字面意思进行理解。曾听过这样一件事：

妻子对着刚病愈的丈夫深情款款地说："那时候我都想好了！如果你死了，我也不能活了。"这句话说得情深意切，结果丈夫却不高兴，因为男人只听到了"死"字。同样，对于分别、挫折、穷苦、倒霉等负面词语，男人也容易产生排斥感，脑海会被"不吉利""不好""不想听"等排斥感占据，完全体会不到妻子的情意。因此，对男人说情话时，最好避免一切带负面词语的情话。比如，不能说：

"你死了，我也不能活了。"

"没有钱了，就不用买礼物了。"

"就算你穷困潦倒，我也不会与你分开。"

…………

一旦这些话进入男人的耳里，他们的心里只会产生反感与排斥，而不会深入思考情话里的情意。不过，也不必气馁，因为说好情话并不难，而且，只要说对了，就可以把情话的功效放大100倍！下面我们来看看男人都喜欢哪一类情话：

首先，男人都喜欢被夸奖外貌。对别人的这类夸赞，男人总会表现出不屑一顾的态度，可能会说："帅能当饭吃吗？"但是，谁都不能否认，夸奖他们帅、表扬他们的外貌，能给他们带来极大的满足感。即使是长相普通的男人，对于外貌的认知，与女人对他们的认知也有着天差地别。

一个男性朋友对自己的外貌极为看重，常在朋友圈秀自拍，自称是朋友圈中的梁朝伟。虽然在女人眼里，他只是相貌平平，但他却觉得自己是大帅哥。所以，要想把情话的功效放大100倍，完全可以从男人的外貌入手，偶尔夸他"你真帅""你这种造型实在是太迷人了""你的新发型真衬你"……不过，这类话不能说太多，否则功效会大打折扣。

其次，男人都无法抵抗被需要的情话。从古至今，所有出轨想要离婚的男人口头总会挂着这样一句话:"她比你更需要我。离开我,她就不行了。"这是男人离婚的说辞,却不是借口。因为,他们确实认为失去了自己的庇佑,对方就会活不下去。男人对被需要感的需求很强盛,女人就完全可以用这种话来哄他们开心,比如,你可以说:"天哪,没有你我真不知道该怎么办呢!"或者"还好有你!不然我就要崩溃了!"或者"要不是有你,我确实就要完了!"当你把这种情话说出口时,绝对能收获一个动力满满、容光焕发的丈夫!

最后,男人最喜欢的、最重视的就是:夫妻彼此心意相通的感觉。在男人看来,我是最了解你、最懂你的,而你也是最了解我、最懂我的人。这是一种非常重要且甜蜜的体验。所以,在日常生活中,不妨试着去在意他所在意的东西,夸奖他喜欢的东西,赞同他的观点,让他觉得,你们之间是情意相通的。这种高级的情话能让彼此的心更进一步。

当然,还有更高级的情话。你可以这样做:与他持相反的看法与意见,然后被他说服。当他成功把你拉进自己的阵营时,他会由衷地感到自豪,更有成就感。因为,在男人的世界里,说服女人就意味着在精神上征服女人。这类情话看着悄无声息,实则最能戳中男人的内心。

对于男人来说,还有一种情话是他们难以抗拒的,那就是私密日记。恋爱时,很多女人都喜欢将彼此的一点一滴记录下来。但是步入婚姻后,很少会有女人依然保持着记录的习惯,而如果男人突然发现妻子的私密日记里写满了婚姻的甜蜜美好的感觉,会感到异常高兴。因为,私密感更真实。人们都喜欢回忆,回忆起过去的往事,男人总会会心一笑,甜蜜之意也会溢于言表。

对于婚姻关系来说，情话是必不可少的润滑剂，是亲密生活的调味剂，也是男人最难以抗拒的诱惑。它最大的敌人不是别人，而是你自己。如果你能坚持对丈夫说情话、说对情话，自然就能把情话的功效放大100倍！

相关链接

情话所带来的"蝴蝶效应"

著名的蝴蝶效应告诉我们：在巴西上空扑扇翅膀的一只蝴蝶，能够扇起一个小旋涡，很可能导致美国得克萨斯在一个月后发生一场风暴。同样的道理也适用于婚姻。在婚姻中，一句简单的情话能给对方带来满足，让他感到幸福，进而让你们之间的婚姻保持甜蜜。

心理学家们曾对婚姻细节进行过研究，他们一致认为：细腻的情话在婚姻中有着举足轻重的作用，有助于促进夫妻间的情感交流，可以为夫妻感情保温。

为什么男人不喜欢被比较

在日常生活中，很多女人总会习惯性地拿别人家的丈夫和自家丈夫作对比，张口闭口就是别人家的丈夫，仿佛别人就嫁得顺心顺遂，自己却瞎眼挑错了人。女人的攀比之心与生俱来，在她们眼里，老公、外貌、经济能力等都能作为攀比的谈资。有攀比，就有高下，于是我们总能听到女人说：

"你看看你这点出息，再看看别人家的老公。他们工作体面，薪资丰厚。能嫁给这种老公真是几辈子修来的福气！不像我，每天都过得紧巴巴的。"

"你看看别人家的老公，一回到家就主动做起了家务。而我呢？整天伺候你们全家上下，忙前忙后的！"

"你瞧瞧别人家的老公多体贴，他们每天都带着老婆到处游山玩水。不像你，古古板板的，连约我看电影都没有！"

……

小时候，妈妈会总拿别人家的孩子说事；娶妻后，妻子又会拿别人家的丈夫作比较。这些男人确实可怜！

第六章
经营：婚姻就是一份事业

设身处地地为他们想想，你就能理解，为什么男人们都不喜欢被拿来作比较了。可见在夫妻关系里，最忌讳的就是拿自己丈夫与别人作对比。这种做法不仅毫无意义，反而容易让你的婚姻陷入困局。要想摆脱这个困局，女人先得认清自己的内心，了解自己究竟为什么而对比，比如，不满意现有的婚姻。她们只能看到别人家老公的优点和自家老公的缺点，却看不到自己的幸福和别人的不如意，于是心生感慨："我的运气真不好！为什么别人就能嫁得那么好？"

但是，这些女人却不知道：虽然家家有本难念的经，但家家也都有各自的温暖。当她们在羡慕别人时，或许别人也在羡慕她们呢。更何况，面对丈夫的不足，与其抱怨，倒不如想办法帮助丈夫变得更好。

有些女人之所以拿丈夫与他人作比较，是为了刺激、鼓励丈夫。单从刺激的角度来说，确实能让男人的内心为之震动，但这种刺激却很难让丈夫感受到鼓励。因为——前面已经接连提及了——男人都是好面子的动物。

要想鼓励男人奋发向上，绝不能用反话来刺激他。否则，只会适得其反。你可以夸丈夫有进步，也可以赞美丈夫真厉害，唯独不能说他不如别人。

当然，有些妻子不一定真的想说丈夫比别人的丈夫差，内心也不这么认为，之所以要夸别人的丈夫，只是在某些场景下的自谦和恭维。她们觉得，自己与丈夫是"一体"的，不能当着人家的面说别人的丈夫哪里不好，只能拿自家丈夫"开刀"。可是，即便如此，男人也会觉得不舒适、不高兴。举个例子：

有个女人与丈夫一起到朋友家做客，朋友的丈夫给朋友买了一件漂亮的衣服，女人随口夸了一句："这衣服很漂亮，也很衬你！丈夫可真有品位呀！不像我家那位，给我挑衣服时，关键词搜的都是'女装加大码'。"说着，女人与朋友都笑了起来。

其实，女人心里也很满意自家丈夫给她挑的衣服，而拿两位丈夫作对比，也不过是一句无关紧要的自嘲罢了。可丈夫却不高兴了，觉得自己的一片心意被妻子践踏了，他会这么想："你这样说是什么意思？是后悔了吗？你这是在贬低我？别人究竟哪里比我好了！你怎么就那么不知足呢？"

类似的想法，会让男人的内心备受打击，越想越气愤，夫妻关系也会越来越僵硬。与其让彼此关系变僵，倒不如立刻住嘴，别再用别人家的丈夫刺激自己的爱人。

夫妻相处不过是携手同行，同甘共苦，如果丈夫确实有不足，大可做他的打气筒，鼓励他不断前进。夫妻之间只有具备一双发现美的眼睛，才能让彼此更加亲密。或许他不如别人那么体贴，但贵在憨厚老实；或许他不如别人富裕，但贵在心里有你；或许他不如别人巧言善辩，但贵在勇于担当……其实，每个人都是幸福的，只不过我们都习惯了仰望他人的幸福罢了。

婚姻的意义绝不在于对比，而在于享受。只盯着别人拥有的美好，注定无法收获美好！所以，从现在开始，不要再拿丈夫与别人作比较了。珍惜他，才能让你们的生活更幸福！

第六章
经营：婚姻就是一份事业

相关链接

男人也有嫉妒心

比利时有句俗语是这么讲的："有一次，亚当比较晚回家，夏娃开始清点他的肋骨。"短短一句话，就将女人的嫉妒之心刻画得淋漓尽致。

很多人都认为，嫉妒是女人的天性，其实，正如弗洛伊德所说："嫉妒是动物的本能。"有时男人的嫉妒心并不比女人弱，甚至从某些角度上来说，男人的嫉妒心比女人更强。因为男人对事物、对自己的女人，有着强烈的占有欲，只不过多数情况下，男人不会把这种嫉妒说出来，而女人则可以大方地表现出自己的嫉妒。

"女人更爱嫉妒"只是一种假象。

男人的敏感话题有哪些

每个人的心里都有一座秘密花园,这座秘密花园里藏着他的爱人、他的梦想、他的过去。

对于每个人来说,心中的秘密花园都是神圣不可侵犯的,即使对方是配偶也不能触碰。

任何人都不希望自己"全身赤裸"地展现在别人面前,有些敏感、私密的东西是不能被任何人窥探的,你必须要知道,即使是爱人也要做到"亲密有间"。

在婚姻中并不是什么都能聊、什么都能说,即使是粗神经的男人,也有自己的敏感点。所以,在夫妻交流的过程中要注意:男人也有你不能提及的敏感话题。

在这些敏感话题中,排在第一的就是父母的问题。即使是面对自己的父母,人们也很难做到毫无矛盾,更何况是别人的父母呢?但是,既然你打算与这个男人携手一生,就要与他的父母和谐相处。即使他的父母没有任何符合你心意的地方,也不要轻易向丈夫抱怨他们的不好。对于你来说,他们不过是丈夫的父母,是你名义上的公公婆婆;但是对于丈夫来说,他

（她）们却是生他养他的骨肉至亲。轻易地对丈夫抱怨他的父母不好，丈夫肯定会对你感到不满。将心比心，既然你不希望他向你抱怨你的父母，也不要轻易向他抱怨他的父母，尤其是他母亲。

从古至今，婆媳关系都是一道难以跨越的门槛。婆媳矛盾是所有人际矛盾中最难解决的问题。这种问题困扰的绝不仅仅是斗争的双方，夹在母亲与妻子中间的男人更是感到左右为难——两个人都是自己深爱的女人。任何一方向他告状，男人都会产生强烈的排斥感。且不论事情真假，你的告状行为就已经让男人对你产生了不满。所以，无论如何，都不要向男人告发其父母的不好言行，否则会触犯男人的底线。

除了父母问题，男人还很介意你对他身体缺陷的议论。男人的生理缺陷如同见不得光的秘密和伤疤，一直用他的"伤疤"来刺激他，他一定会陷入痛苦之中。严重时，还会对你产生怨恨情绪。举个例子，对于男人的发际线问题，最好不要轻易提及。

一个女人这样对丈夫说："你最近是不是压力很大呀？我看你的发际线越来越高了！"

或许，在女人看来，这不过是一个妻子关心丈夫的体现。但是在多数男人看来，这是对他们的嫌弃。发际线越来越高、秃顶、"地中海"等，在女人眼里都是小事，男人却十分介意，因为他们和女人一样恐惧衰老，只不过女人更在乎皱纹，而男人更在乎头发罢了。

对待这类话题，女人最好不要轻易触及，否则很容易伤害对方的自尊心，会让丈夫变得自卑而敏感。如果你确实关心他，最好的做法就是不要提。

此外，男人们也很不喜欢妻子对他的工作指指点点。很多妻子都望夫成龙，有的妻子甚至还可能会时不时地劝丈夫"跳槽"，"争取升职机会"。女人之所以会这样做，有些人可能是出于虚荣心，有些人是出于对丈夫的关心，有些人可能是因为依赖丈夫，有些人可能是受"夫荣妻贵"的思想的影响，有些人则是希望给予丈夫鼓励……

在当今社会，男人的压力越来越大，只要离开了工作岗位，回到家中，多数男人都不愿再提及工作，需要一个放松的空间和机会。这时候，一味地与他聊升职加薪的话题，无论你是出于敦促、出于鼓励，还是出于关心，都很容易让你们的关系变得僵硬。

别忘了，试图"逼夫成龙"的女人都是傻女人。

除了上述话题，男人还对许多话题很敏感。例如，不喜欢你公开和他谈论他的秘密和不良嗜好。对于他们来说，这是不可触及的私密话题，没有人希望自己的不良嗜好和秘密被广而告之。

虽说夫妻相处要坦诚，但是聪明的妻子都会巧妙避开关于男人的敏感话题。因为这些话题往往是男人们的禁忌，一旦通过妻子的嘴说出来，势必会感到难堪，后果可想而知。与其因此伤害了夫妻感情，倒不如多夸夸对方的优点，如此，你们的感情和关系才能更稳定、更甜蜜。

相关链接

妻子与母亲同时掉进河里该救谁？

在婆媳关系中，"妻子与母亲同时掉进河里该救谁"是一个经典又无聊的问题。男人回答救妻子，是不孝；回答救母亲，妻子又会不高兴；回答都救，又显得太滑头……总之，这个问题一旦被抛出来，男人都会感到很无奈。

其实，这个问题的焦点反映了女人与婆婆对"爱的人"的争夺。无论她们承认与否，在她们潜意识里，只有这个男人忽略另一方，才能真正属于自己。所以，要想破解这千古难题，女人就要先与对方和解，而和解的秘诀正是你对男人的爱。

亲密关系沟通：掌握情感中的沟通规律

你的这句话击中了他的要害

生活中，经常有女人问："为什么我们夫妻关系越来越差？""为什么感觉他越来越不爱听我说话？"……沟通问题似乎一直都深刻地影响着夫妻关系的发展。

沟通是每对夫妻都必须掌握的一门学问，但是，多数人不知道的是，沟通并不只是说说话那么简单。需要夫妻双方本着一颗爱对方的心，平心静气，好好沟通。但是，有些女人与丈夫说话时，总会忽略对方的感受，容易说出一些刺激对方的话，尤其是夫妻双方度过了甜蜜的热恋期、体内的多巴胺不再分泌后。有些无心的话容易一而再，再而三地伤害你们的感情。女人不仅要关注男人坚强的外表，更要注意男人内心的脆弱。有时，女人的一句无心之言，也能伤害他们的心。

妻子对着丈夫絮絮叨叨："你难道忘了自己以前做的那些混账事了……"妻子的声音不大，但这些指责落在丈夫耳中显然格外刺耳。丈夫低垂着头，像足了泄气的皮球。

第六章
经营：婚姻就是一份事业

在现实生活中，很少有男人不会犯错，多数男人都犯过这样那样、或大或小的错误。他们可能骗过妻子，可能曾失业在家，也可能出过轨……夫妻和好后，这些错误就会被男人视为不光彩的过去，讳莫如深，不愿别人再次提及。但是很多时候，记忆力超强的妻子总会将这些错误牢记在心，在之后的生活中，动不动就会将男人这些不光彩的过去搬出来刺激他们。

或许女人原本是想用男人过去的错误来提醒他们要做好现在的自己，但无论她们的语气如何，无论她们是挖苦或是表达委屈，只要将这种话说出口，男人的自尊心就会大受打击。有的男人甚至还可能恼羞成怒，与妻子争吵起来，将夫妻关系搞得剑拔弩张。所以，既然选择了原谅，在以后的日子里，就要彻底忘却男人的这些错事。

这样，既是放过男人，也是放过女人自己，更是放过彼此的感情。此外，一些悔不当初的言论也容易让男人大受打击。举个例子，有的女人总喜欢在争吵时对男人说：

"我真是瞎了眼才选择了你！"

"早知道现在是这副光景，我当初就不会跟你在一起了！"

"跟你结婚真是倒了大霉了！"

……

这种话通常只是一时气话，却会让男人感到伤人。因为多数男人认为，结婚后夫妻双方应同舟共济，共担风雨，而妻子的这些言论无疑是在与丈夫划清关系，像是在宣告关系的破裂。女人的这些后悔之言，会提醒男人：妻子不愿与你同甘共苦。这时候，这些话并不能解决任何问题，反而还会让事情变得越发复杂，即使感情再深厚，也很容易就此搁浅。

有些女人则喜欢把"要你管""你管得着吗"等挂在嘴边，往往忽略了重要的一件事：夫妻之间最重要的是坦诚相待。丈夫都希望妻子能对他们毫无保留，妻子的"要你管"，很容易给男人带来误解，继而变得敏感多疑。我们来看看这样一段对话：

"你今天去哪了？为什么这么晚才回来？"

"要你管？！"

无论说出"要你管"的人是男人还是女人，给另一方的感觉都很糟糕。本来只是一件普通的小事，经由这么一回答，却颇有几分掩盖的味道。于是，另一方就会揣测：难道他/她有什么不可告人的秘密？猜忌由此滋生，势必在日后掀起轩然大波。如果不希望自己的小家因为这种小事而陷入危机，最好不要说类似的话。

在所有刺耳的言论中，最能击中男人要害的莫过于"离婚"这类言论。其实，在很多时候，女人说出"离婚"二字并不是要与男人离婚，只是一种口头宣泄情绪罢了。但这些话在男人听来，却格外敏感、沉重。理智的男人都厌恶这类字眼，因为在他们看来，轻易说出"离婚""分居"等话的行为是轻率的，是对彼此感情的不尊重。

这就像在告诉他们:"我并不在意与你的这段婚姻,也不珍惜我们的感情。对于我来说,离婚是轻而易举的事。"在盛怒之下,不信任的种子就容易生根发芽,即使后来两人和好如初,也无法修复"离婚"这个词带来的伤害。在你轻易说出"离婚"时,男人很可能已经对你们的婚姻失去了信心。

夫妻之间,沟通交流很重要,如何说、说什么更重要。不要让你的无心之话成为亲密关系的绊脚石,也别让你的一时口快给丈夫致命一击。

提示：你的婚姻不一定适合你

在现实生活中，许多人的婚姻总会出现这样那样的问题，比如，许多人不知道什么叫婚姻，甚至完全不知道婚姻的本质是什么。在某些人看来，婚姻是男女双方制定的一份承诺；有些人则认为婚姻是一种付出；还有人将婚姻视为一种应尽的义务。其实，这些所谓的承诺、付出和义务都不过是婚姻的其中一面。婚姻真正的本质应该是：夫妻间的亲密感。

在夫妻相处时，双方忽视了这一点，婚姻就容易出现问题。男女朝夕相处，却不知道婚姻的本质先是一种亲密关系，然后才是责任、付出与义务，只能说明他们的婚姻并不适合他们。这种夫妻不仅无法把握婚姻的真谛，更无法打造夫妻之间的亲密感。

那么，究竟什么才算是亲密关系呢？

从心理学角度来说，就是以相互吸引为前提的两个人随着依赖性的加深，关系也不断加深。当彼此的依赖感达到极致时，他们的关系就会从原本的普通关系跃升为亲密关系。从某种程度上来说，亲密关系涵盖了亲情、爱情和友情。

维持两个人婚姻关系的最重要的纽带莫过于亲密感。和谐的亲密关系能够给婚姻带来幸福和美满。相反，当亲密关系走到尽头时，婚姻也会随之落下帷幕。

两个人之间的亲密模式没能完善建立，婚姻之路势必充满曲折，但现实中，并不是所有人都具备建立和维系亲密关系的能力。当婚姻走到尽头时，许多人都会将原因归为沟通不顺、出轨、三观不合等问题。离婚的原因多种多样，但这些破碎的婚姻关系都有一个共同特点：原本亲密的两个人已经渐行渐远了。

你知道吗？维系亲密关系绝不是一方的责任，需要夫妻双方的共同努力。婚姻就像一盆鲜花，需要肥沃的土壤、充沛的阳光、温和的气候以及充足的水分。夫妻就如同照料这盆鲜花的两个园丁，要负责浇灌花朵，给鲜花一个稳定滋养的生存环境。那么，该如何维系夫妻双方的亲密关系呢？最重要的一点莫过于建立夫妻之间的信任感。夫妻相互信任通常可分为两个方面：

一、给予对方信任。给予对方信任就是，彼此不胡乱猜忌对方的心思，不胡乱揣度对方的用意。

二、让对方信任。让对方信任就是，给予对方安全感，不给对方留下任何误解的可能性，也不让对方忧心怀疑。

只要做到这两点，就能建立起坚固的夫妻信任感，双方的亲密度自然也会大大提升。此外，夫妻间心意相通、志趣相投，还能在一定程度上提升彼此的亲密度。总之，建立亲密感的途径和方式有很多，只要留心，就可以打造完美的亲密关系。

夫妻之间的每日见面、耳鬓厮磨，并不是亲密的象征，夫妻相处时心灵的亲密远比身体的亲密更重要。

所谓心灵亲密指的是，夫妻双方心意相通，互相理解，互相妥协。但它不等于完全没有距离。要知道，亲密无间是婚姻关系里的另一大误区。恩爱的人总希望彼此亲密无间，但是心理学上的"刺猬效应"却一再告诉我们：保持适当距离，才是正确的相处之道。试图突破距离，实现亲密无间，最终只能搞得两败俱伤。下面是一对夫妻的对话：

"我们是夫妻，应该心贴着心，哪有什么空间和隐私可言！"

"可是我需要一个私人空间啊！"

夫妻出现这种对话，他们之间的关系势必是一种"追赶模式"：一个人在追赶，一个人在逃。一方渴望与对方亲密无间，另一方却对此深恶痛绝，两个人你追我逃，最终只能彼此伤害。追赶的一方会感到伤心挫败，被追赶的一方则会觉得生活压抑，过不了多久，这段婚姻关系就会在身心疲惫中草草结束。

夫妻是两个彼此独立的人，既然能够结成夫妻，两个人肯定也有许多相同的地方：他们或许口味相同，或许三观相符，又或许志趣相投……可是，不管怎样，他们之间一定还有不同的地方，所以，更需要适当的心理距离来做保障！

亲密有间的状态，不仅可以让夫妻保持亲密关系，还能让夫妻保持适当的心理距离。夫妻二人要尊重彼此的个性、爱好与隐私，在管理共同生活的同时，给予对方管理自己空间的权利。

两个相互独立、亲密相连的人组建的亲密关系，才是最好的婚姻关系。有些人身处婚姻关系许久，却始终没有意识到自己的婚姻并不适合自己。

有些人在婚姻中倍感不适，却始终找不出不适的源头。

很多时候，不合适的并不是婚姻关系中的人，而是关系本身。

记住，婚姻关系首先是亲密关系，其次才是责任、义务、承诺的综合体。合适的婚姻关系必定是恰如其分的亲密关系。

相关链接

自我展示可以推进关系走向亲密

现实生活经验告诉我们：随着与某人的关系日渐亲密，彼此间的话题会越来越深入。

对这一道理进行反推，同样行得通，即随着话题的深入，两人的关系会越来越亲密。这点从试验所绘的规律图即可看出，如图6-1所示。

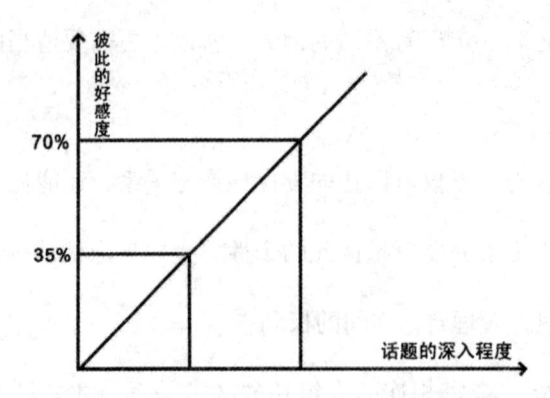

图 6-1 话题的深入程度与彼此的好感度规律图

因此，要想推进关系向更亲密关系转换，就要注意自我展示与告白，与对方分享自己的私密时，要让对方发自内心地觉得受你信任；而在倾诉的过程中，你也要不断强化彼此的联系。共同的秘密，能够促使你们变得更加亲密。

第七章
维护：当彼此间出现嫌隙时

究竟谁应该先认错

吵架时，男女双方都容易陷入激动的情绪中。一旦情绪激动，就容易说错话，进而伤害彼此感情。

很多时候，争吵中的男女总会为一件事苦恼：究竟谁应该先低头认错？这个问题若回答不好，只能让婚姻走向破裂。

一句"对不起，我的错"并不难说，只不过是短短的六个字，但是当人处于争吵中时，想要说出道歉的话却很难。身处争执中的人，无论男女都很难放下脸面对对方说一句："对不起，我的错！"

争吵时，环境和情绪都不允许人们说出认错的话，"谁先认错"自然也就成了男女最纠结、最看重的问题。但是在婚姻关系中，谁先认错确实重要吗？

记得网上有这样一句话："输了你，赢了世界又如何？"这句话深刻地道出了男女相处的奥秘。

很多时候，对错、输赢都不及那个人重要。

有的女人可能会问："既然如此，为什么男人不认错呢？"这是因为，男人天生都是爱面子的动物。有些男人即使知道是自己错了，但是为了维

第七章
维护：当彼此出现嫌隙时

护自己的面子，也不愿意低头认错。以至于很多时候，他们可能早已在心里排练过千万遍认错道歉的场景，却在即将说出口的一刻收回来了。

男人永远都是面子的坚决捍卫者。你可以认为这是男人的幼稚心理作祟，也可以认为是男人的尊严要求。

陷入争吵后，男人和女人对"道歉"的认知大不相同。

女人会想：他怎么还不低头认错？

男人会想：要让我低头认错，岂不是很没有面子？

出于这种认知差异，男女间的争吵最后往往会演变为"谁该认错"的冷战。而这种冷战往往是最没必要的，也是最伤感情的。男人会认为，女人不顾他的面子；而女人则认为男人毫无担当，不懂认错让步。

当然，有的女人不肯认错是因为她们觉得一旦低头就会失去自己的地位。因此，我们还要走出一个误区：先认错并不等于低人一等。很多时候，女人硬撑着不肯认错并不是因为觉得自己是正确的，而是觉得先认错就代表着让出地位，会让男人看不起。出于这种心理，有些女人即使知道自己错了，也会忍着不肯认错。其实，这种担忧是毫无道理的。

认错是对事不对人。低头认错并不代表那个人的地位低下，而代表那个人爱得深沉。主动向你低头认错的男人，定然是深爱你的。但是，低头认错的次数多了，男人也会感到疲倦。在一段关系中，只顾着照顾女人的感受，女人却丝毫不顾及男人的感受，这段关系迟早会烟消云散。

记得某本书里有这样一个情节：女主角和男主角约定，以后如果发生争吵，就轮流认错。比如，这次吵架，女人认错，下次就换成男人认错。

这样一来，无论男女都有低头认错的时候。

明智的女人，都懂得照顾男人的感受，也懂得夫妻之间最重要的永远不是对错，而是彼此。你也可以学着这个方式：与丈夫轮流认错，而不是把认错的责任推到他一个人身上。要知道，家庭、婚姻都不是讲理的地方。夫妻之间，无论谁先低头、谁先认错，都不重要，最重要的是彼此相爱！

值得注意的是，在一些无关紧要、无关原则的事情上，如果男人主动认错了，女人一定要学会原谅，给对方台阶下。男人犯错并认错后，女人如果依然无时无刻地叨念着对方的错，得理不饶人，对于好面子的男人来说，就很容易恼羞成怒。到了那时，夫妻之间的矛盾只会愈演愈烈。与其如此，倒不如主动给男人一个台阶下。比如：

男人主动认错说："这件事是我错了。我不该……"

女人可以说："在这件事上，我也有不妥的地方……"

两个人都在向对方认错，男人的脸面也得到了维护。这种做法远比指着对方的鼻子唠叨对方的错处更聪明。

要知道，男人最讨厌听到的就是你的唠叨：

"你看，我都说了吧？"

"早就告诉过你，你这样是不对的了！"

"你看你现在才知道错了。"

……

夫妻相处，有摩擦、有争吵，都很正常。重要的不是纠结于谁先认错、谁先低头，而是彼此的感受与爱。一味地纠结于谁先认错，夫妻关系早晚都会走向破裂。相反，学会认错，主动给对方台阶下，你们的亲密关系一定能更进一步。

相关链接

男人都是"正直的"

有时，男人之所以不愿意认错，是因为他们觉得自己为人正直，渴望得到证明，不会轻易认错。当夫妻之间出现矛盾时，他们的第一反应永远都是排除自己犯错的可能性，然后再与妻子进行沟通。

这就是男人！时时刻刻都想向别人表明自己是个好人，自然就不会轻易认错。因为认错会与他们"正直"的初衷相违背，破坏自己辛苦树立的正直形象。

你们总是在说不同的话

男人和女人之间存在各种各样的不同，在沟通上也是如此。

如果你仔细留意就会发现：在沟通中，很多女人总会不由自主地将男女沟通上的问题与爱情浓度联系在一起，以至于每天都过得惶惶不安。

了解男人和女人说话方式的不同，可以有效促进男女关系。

那么，男人和女人究竟为什么总会说着截然不同的话呢？

从目的角度上看，男人和女人的沟通目的大不相同。女人的沟通是为了让关系更加亲密。在女人看来，通过沟通可以获得别人的支持，与别人建立连接。因此，对于女人来说，沟通更像一种分享。举个例子，女人们总喜欢围在一起抱怨不公的遭遇、老公的表现、家庭的纠纷等问题，大到养生育儿，小到鸡毛蒜皮，任何事情都可以成为女人之间沟通的主题。在她们的逻辑里："因为我们关系好，我才跟你说这些话！"

通常情况下，女人都会将隐私暴露、情感表达视为两人关系的象征。在她们的意识里，一对一的交流能够增进彼此的关系。交流越多，小团体感越强，则彼此关系越亲密。

第七章
维护：当彼此出现嫌隙时

女人总是鼓励男人与自己沟通，男人却不这么认为。在男人的意识中，沟通的目的在于解决问题，如果没有问题需要解决，就没必要进行沟通。面对一个问题时，他们的出发点更倾向于提供解决办法，以此来表现自己的控制力。

同样，面对需要安慰的朋友，男人和女人会说出截然不同的话：

女人可能会说："我知道你很难过。以前我也经历过……我懂你的感受……"

男人可能会说："别难过！这个问题你可以这样解决……"

在女人看来，当别人需要安慰时，最好给予对方感情支持。但对于男人来说，既然问题出现了，那就要想办法解决，一味地诉说，根本无济于事。所以，很多家庭里，都有一个絮絮不止的女人和一个沉默寡言的男人。

从沟通习惯上看，男女之间也存在着巨大差异。女人从小就被要求要做一个温柔的人，表达时往往更注重别人的感受。因此，说话时，许多女人会更多地使用征询语气，比如，"好吗？""怎么样？""可以吗？"

而男人自幼便被要求言行举止要具有力量感，要更直接、更强硬，在说话时自然就会带上强硬感。比如，他们更喜欢用祈使语气说话："跟我来！""快点！""别吵！"

对于男人来说，女人温柔地征询，会让他们感到满足；对于女人来说，男人强硬的语气却会让她们感到不适。面对这种情况，女人最先要告诉自己的是：男人强硬的语气只是一种习惯。

如果女人将男人强硬的语气视为对她们的不尊重和轻视，彼此沟通习惯的差异就会被无限放大。不信的话，我们可以看看一个常见的例子：

女人与丈夫发生了激烈的争吵，起因不过是一件芝麻小事。

女人不停地絮叨着："这件事不应该是这样的，而应该是……你不觉得吗？"

男人很不耐烦，回答道："好了，别说了。"

女人大受刺激："你现在是厌倦了听我说话吗？"

本来只是一件小事，却引来一场沟通风暴。试想，如果男人说的不是"好了，别说了"，而是像女人那样用征询的语气说"亲爱的，我们不要讨论这种小事了好吗？"女人的体验感一定会好很多。同样，如果女人不过分纠结于男人的强硬语气，她也就不会因男人的一句"好了，别说了"而伤心难过。

除此之外，基础价值观的差异也会影响男女之间的沟通。女人往往更在乎别人的认可和感受，对她们来说，她们的个人价值与别人的认可息息相关。所以，她们总会耐心地倾听别人的话，尽力去理解别人。因此在沟通时，很多女人都会用一些模棱两可的词汇，很少对别人提出自己的意见。

男人则不同。男人往往更在乎力量与效率，对于他们来说，获得成就就是体现他们价值的方式。因此，他们喜欢告诉别人具体方案：应该怎么做，而不应该怎么做。并且，当他们的方案出错时，也乐意接受其他人的意见，因为他们的目的是获得自己想要的结果，至于过程如何，他们并不关注。

这种差异看上去并不矛盾，但有时价值观的问题也容易引发沟通障碍。比如，女人以自己为中心进行思考，认为男人也应该耐心倾听，并予以理解；但男人很难做到这点，并不认为倾听足以体现他们的价值。再如，男人希望女人能给自己提供切实有益的意见，但是女人会觉得对对方感受的认可就是对他价值的肯定。男女之间的想法南辕北辙，只能让夫妻之间的沟通变得举步维艰。

总之，男人和女人的沟通存在众多差异，互不理解也很正常。在要求丈夫理解你之前，你要先理解他，要站在对方的立场来看待你们的沟通。

相关链接

沟通决定夫妻关系是否和谐

对于夫妻来说，沟通有着极其重要的意义。

将和睦夫妻与不和睦夫妻的生活方式作比较,不难发现,他们的沟通可谓天差地别,如图 7-1 所示。

话题选择
共同话题

沟通方式
很好地协调倾诉与倾听

沟通心态
认为对方对自己心怀好感

探索对方的潜台词
从对方的潜台词中寻找善意

(和睦夫妻)

VS

话题选择
各说各话

沟通方式
只顾着自己说/一味沉默

沟通心态
认为对方对自己不怀好意

探索对方的潜台词
从对方的潜台词中寻找恶意

(不和睦夫妻)

图 7-1 夫妻间的生活方式对比

第七章
维护：当彼此出现嫌隙时

这个时候，最好别联系他

生活中，许多女人会有这样的疑问：

"我的丈夫为什么不理我？"

"我的丈夫怎么总是对我不耐烦？"

"我的丈夫为什么总让我别烦他？"

……

当这些问题环绕着她们时，她们无疑是焦虑的，也是难过的，迫切希望得到一种解决问题的好方式，重新收获丈夫的温情。

在帮助她们解决这个问题前，不妨先来了解一下引发这个问题的本源：男人们究竟怎么了？

有些人可能会先入为主地认为，男人对妻子不耐烦是因为他们变心了。其实，这种推断太过主观，缺乏根据，毕竟任何人都有可能产生不耐烦的情绪。它不一定是感情破裂的标志，但绝对是一种情绪宣泄。也就是说，很多时候，男人的不耐烦只不过是对事，而不是对人。明白了这一点，或许就能暂时放下自己的焦虑了，尝试跟着男人的思维来看待自己的行为。

对于有些男人来说，妻子联系他并不是甜蜜的象征，而是引起他们反感与不耐烦的导火索。有些妻子经常会在错误的时间联系丈夫，总是忽略了一个事实：夫妻之间的交流也是一门艺术。在错误的时间联系丈夫，只会让丈夫越发不耐烦，觉得她不懂事。

那么，什么才是错误的联系时间呢？比如，在丈夫忙碌时给他打电话。

有一次，男人正在会上发言，妻子打来电话。为了不打断会议，他匆匆忙忙地按掉电话。却不想，妻子又继续打了好几通。最后，他实在没有办法，只好关了机。电话另一端的妻子感到很焦虑，会议上的他也十分气恼。一场争吵不可避免地降临了。

在日常生活中，像案例中的妻子一样不明事理的人可能不多，但面对忙碌的丈夫，不少女人总会产生阵阵失落感。一位女性朋友就是这样抱怨她的丈夫的：

"其实我也没有要打扰他的意思，只是他在忙碌时总是冷落我。所以，我才不断打电话给他。我只是想听听他的声音。如果在他忙碌时，他还能温柔地安慰我，那么我就一定不会再闹了！"

这位朋友的话确实道出了许多女人的心声。

第七章
维护：当彼此出现嫌隙时

感受到男人的冷落，为了寻求存在感，女人就会不断打扰对方。其实，这种做法只会让男人更加烦躁。

这个世界上，虽然有些男人即使忙得昏天黑地也能照顾好妻子情绪，但这样的男人毕竟占少数，多数男人都很难做到——他们总是一门心思扑在事业上。要知道，他不是不爱你，只是他抽不开身！

所以，如果不想碰一鼻子灰，在男人忙碌时，最好不要轻易联系他们，更不要频繁打扰他们。忙碌的男人并不好惹，轻则不理你，重则可能动怒。如此，不管是对你，还是对他，抑或对婚姻，都不是一件好事。

女人最好不要轻易联系男人的另一个时间是：男人想要一个人静静时。

面对压力，男人和女人的处理方式截然不同：女人喜欢向身边的人倾诉，而男人更喜欢保持沉默。这种场景，每个婚姻中的男女都很熟悉：结束了一天的工作后，男人总喜欢一个人坐在车里，静静地抽一根烟。在男人看来，这种举动最正常不过，女人却会把男人的这种行为解读为"不愿回家"，继而感到伤心难过，甚至大吵大闹。其实，你也许误会他了。

对于男人来说，发泄压力的最好方式并不是像女人一样絮絮不止地抱怨或唠叨，而是沉默以对。沉默时，他们不一定不开心，也不一定在思考，更多的是在放空自己，把一天的压力抛诸脑后，纯粹地享受放空大脑的时光。

在这个时候，女人既不要轻易打扰他们，更不要把他想要静一静的需求当作对你的不满；强行介入，只能适得其反。如果你还要求他来哄你开心，更会让他感到疲倦不堪。

结束一天的压力后，男人没有得到任何休息，若无其事地回到家中与你聊天，就可能会出现走神、沉默等迹象。这时候，就要多体谅男人，最好不要再跟他提起工作上的事情，即使是出于关心，也要管住自己的嘴，除非他自己愿意主动地跟你说。你的宽慰和提问并不能让他的压力得到舒缓，因为家不是谈工作的好地方，好不容易从繁重的工作任务和压力中解脱出来，谁还想要继续沉浸其中？

相关链接

男人的思维是单轨的

只要仔细观察身边的那个男人，你就会发现：当电话响起时，他们总会先停下手中的事情，再接电话。但女人的做法就很不一样。她们往往可以一边继续手头的工作，一边接起电话。主要原因就在于，男女的大脑结构不同。

在做一件事情时，男人只能独立运行大脑的相应功能区域，其他部分都会停止，让当前的事情优先进行。女人恰恰相反。她们可以同时运行多个功能区域，实现一心两用，乃至多用。

男人的思维模式是单轨的，女人的思维模式则是多轨的。

第七章
维护：当彼此出现嫌隙时

千万别深度解读男人的话

现实中，很多女人总会不自觉地揣摩男人话中的意思，不断猜想男人是不是想通过这段话来暗示什么，试图找出字面意思外的另一层意思，比如：

"他就回答了我一个字，是不是不耐烦了？"

"他这句话怎么没有语气词，这么冷淡，是不是生气了？"

殊不知，这种做法很容易让我们陷入自己臆想的困境中，无法自拔。

其实，男人想表达的就是字面上的意思而已。男女先天大脑构造存在巨大差异，男女的思维方式自然也就不同。男人是理性动物，女人是感性动物，通常，女人比男人多愁善感。所以，对待同一句话，女人会透过字面意思去分析是否存在潜在意思，而男人基本只能领会字面意思，很少会考虑深层次内容。

男女在表达上亦是如此。女人总是希望男人听出自己的话外音，男人却只能意会到字面意思。例如，男女吵架时，如果女人说"我睡了"，她想表达的是"我生气了，不想和你说话"，并不是真的不想和你说话，真实的目的是希望男人去挽留她、哄哄她；而男人通常都是"一根筋"，领会不到女人真正想要表达的意思，以为女生只是累了，要睡觉了，于是只是说了句"晚安"，最终导致矛盾瞬间升级。

"你怎么都不哄我！"

"你不是说你要睡了吗？"

所以，用女人惯用的思维方式深度解读男人的话本身就是错误的。

一个人的思维方式和他的表达方式紧密相关。相对来说，男人的表达方式更直接，更愿意直接表达自己的需求和想法。例如，男人和女人一起去看电影，女人问："你知道这部电影为什么这么好看吗？"她想要听到的回答是，因为有你陪着我，这部电影就变得好看了。而多数男人会直接这样说："因为这部电影的特效十分良心。"所以，男人回应你"晚安"，不一定就是不关心你、不想哄你，他可能确实以为你想去睡了。

那么，应该如何去解读男人的话？多数情况下，"所见即所得"，多数男人在表达上不会拐弯抹角。

吵架时，女人会更加曲解男人的意思吗？答案是：会。先天生理构造上的差异，让女人比男人更容易情绪化。两个人吵架愈演愈烈，女人的情绪波动明显大于男人，如果男人看上去比女人冷静，就会让女人抓狂，甚至会让她怀疑这个男人是不是不在乎自己。

第七章
维护：当彼此出现嫌隙时

"男人更在意结果，女人更在意过程。"男人更想解决问题，想得到一个结果。这时候，男人根本不会留意到女人的情绪变化，只会继续和她讨论问题。而女人更注重过程，看到男人没及时停下来哄她，只顾着分析事实和寻找解决办法，就会火冒三丈。不管男人说什么，女人都听不进去，甚至还会怀疑男人说出的话是不是有其他意思。一旦男人语气词稍微加重些，就会让女人误解成是男人的不耐烦，得到这样的回答："你这句话什么意思？"

男人也觉得莫名其妙，只能回一句："你不要无理取闹了。"

在两性关系中，女人解读男人的话，一个潜在目的是更了解眼前的这个男人。

面对同一件事，男女的处理方式不尽相同。当男人遇到挫折时，即使心中懊恼迷茫，也可能不愿意表露太多，或许这关乎男人的尊严，或许是那份与生俱来的与性别有关的内敛。男人更愿意选择默默承受，宁愿一个人暗暗盘算应该如何去克服困难。

男人不似女人般情绪化，除了语言和文字，还有什么办法可以让女人更进一步地去了解男人？

我们都知道，嘴巴会说谎，可眼神不会骗人。

一次聚会上，女人偶然遇到了前任。那时，前任的眼神一直盯着另一个女人。

女人说："我可以肯定，他喜欢她！"

"为什么你这么肯定?你们都几年没见了!"闺密问。

"因为我曾在这个眼神里面住了好久。"

这个故事让人动容,同时也向我们传递了一个信息:眼神是表达情绪的重要一步,一个人的眼神不会骗人。

他的嘴巴明明没有上扬,眼底却满是笑意;

他看上去是那么漫不经心,眼神却从来没有离开过你;

他虽然说没事,眼里却暗淡无光。

所以,当你无法从他的语言中获取到更多有用信息时,不妨从他的眼神入手。

多数情况下,过度解读男人的话会让女人陷入困扰,而使原本简单的事情复杂化。

一定要牢记,在两性关系中,女人切勿过分解读男人的话。

相关链接

看到爱人时,眼睛是不会说谎的

从生理的角度来说,人类的瞳孔会将光线折射到视网膜上。随着光线变强,瞳孔会缩小,避免视网膜受强光伤害;相反,当光线变弱时,人的瞳孔就会扩大,接收更多的光线。这一系列的反应都是由虹膜的平滑肌主控的，而平滑肌又会接收神经系统的信号。

看到喜欢的东西时，人类的神经系统就会最先接收到信息。接着，神经系统便会向虹膜的平滑肌传递信号，放大瞳孔，接收更多美好的画面。这种反应很难受人为意识的控制。所以，看到爱人时，眼睛是不会说谎的。

打破"聊不下去"的僵局

婚姻是一场漫长的对话。

在这场对话中,你们究竟是谈笑风生,还是频频冷场?综观所有出现问题的亲密关系,相顾无言才是常态。

每个人都希望能够和爱人无话不谈,却经常不能如愿;很多夫妻即使天天见面,交流仍旧少得可怜。

"无话可说""聊不下去",只能让夫妻关系变得摇摇欲坠。这种婚姻就像立在狂风暴雨中的危楼,随时可能坍塌。

许多女人在这种困境里苦苦挣扎,不止一次地发问:"为什么我和丈夫会变得无话可说?""我究竟应该怎么办?"

其实,夫妻间从无话不说到无话可谈的现象并不少见。调查指出,在30—40岁的夫妻中,超过半数的人缺乏交流。有的是因为彼此忙于自己的工作,无暇交流;有的是因为"出口成伤",不愿交流;有的则是因为,难有共同语言……

不管是什么原因导致的夫妻交流越来越少,都将成为良好夫妻关系的杀手。

第七章
维护：当彼此出现嫌隙时

沟通是通向人们心灵的桥梁，缺乏沟通、不再交流，只能将亲密的爱人隔离在心门之外。这种相处模式势必难以让夫妻关系得到维系。终有一天，两个原本相爱的人会因为缺乏交流而变得渐行渐远。那么，该如何挽救夫妻间的沟通呢？

首先，你可以多与他一起做一些事情，创造共同时间。比如，一起吃饭、一起看剧。夫妻间可以有差异，也可以有不同见解，但思维基础和认知一定要保持一致。否则，两个人就容易出现矛盾。

举个例子，妻子喜欢跳舞，丈夫对舞蹈毫无兴趣，如果丈夫说"虽然我对跳舞没有兴趣，但是不得不承认跳舞是个不错的休闲娱乐活动！我支持你去学舞蹈"，他的思维基础就与妻子的是一致的。相反，如果丈夫说"跳舞的人都不是正经人，你为什么要跟他们混在一起呢"，他们的认知明显存在差异，而且当这句话说出口时，两个人势必会进行一场"唇枪舌战"。

夫妻相处可以兴致不相投，但要尽量缩小认知差异，减少不必要的矛盾。夫妻共做一件事情，大家一起讨论，一起发表看法，慢慢地就会容易听取对方的意见。在这个过程中，还有助于你们迅速积累共同语言。

其次，你要学会陪伴。婚姻不是爱情的终点，而是起点。步入婚姻后，两个人最重要的是相互陪伴。辛勤工作一天回到家后，任何人都不愿意面对一个冷若冰霜的人。

夫妻间的矛盾宁可吵出来，也不要沉默对抗。沉默是无情的冷暴力，会让深爱的两个人在沉默中伤痕累累。即使两个人"聊不下去""无话可说",也不要轻易放弃,更不要用消极的态度来对待彼此。如果希望将彼此的亲密沟通继续下去,就应该主动开口说话,不能用冷若冰霜来惩罚他。你的沉默对抗,不仅不利于破解当下的局面,还会让事情变得越来越糟糕。

此外,要想夫妻有话聊,还要放下手机。曾经有国际调查显示,将近一半的受访者认为他们的爱人对手机的关注度比对他们的关注度更高。虽然科技发达是件值得高兴的事,但是因科技冷落沟通,不由得令人深感遗憾。

在现实生活中,手机等移动电子设备分散了我们许多人的注意力和精力,让很多人忽视了与爱人的交流沟通。

相信许多人都见过这种场面:夫妻二人面对面而坐,却不是好好聊天,而是各自玩手机。有人可能会这样辩驳:"我和我的丈夫会通过手机沟通。"乍一听,这似乎也不失为一种夫妻沟通方式。但是,频繁地用手机软件沟通,忽视了面对面沟通,夫妻感情就容易失去温度。

有一位重度手机依赖症的女人,可以一日不出门,但是让她一日不碰手机,简直比杀了她还难受。说起夫妻沟通时,她又满腹牢骚:"每次跟我聊天时,他的语气和态度实在是太差!"其实,她也明白夫妻沟通的重要性,很积极地与丈夫进行沟通,只不过,他们的沟通通常都建立在手机文字的基础上。

冰冷的文字不仅让她分不清丈夫的真实情绪,也看不到丈夫的表情,只能妄加猜测:丈夫的态度真是糟糕极了!慢慢地,她也就越来越不愿意与丈夫说话聊天了。

由此可见，文字交流虽然便捷，却也有着不可忽视的局限性。如果你确实想跟丈夫好好聊天，就一定要多创造面对面沟通的机会，以免陷入不愿聊天的局面。

看着他，你才更能体会他的心！

"无话可说""不愿聊天""聊不下去"的僵局并不可怕，可怕的是，你始终都没学会如何去与你爱人沟通。

良好的沟通，确实能让亲密关系变得越来越紧密融洽，却并不是每个人都能打破不良沟通的壁垒。

相关链接

"七年之痒"是激素作祟

很多人口中的"七年之痒"，指的是当夫妻走到婚姻的第七个年头时，可能会对平淡如水的婚姻生活感到乏味厌倦，进而导致婚姻陷入危机。有人将这种规律归为人体细胞更新代谢，但人类的细胞更替是一种周而复始的正常现象，不是逐一完成的，而是累计滚动完成的。所以，试图从细胞更新代谢的角度来解释"七年之痒"，是错误的。

所谓的"七年之痒"，更多的是与人类精神活动息息相关。当爱情到来时，男女的大脑会受相关人或物的刺激，产生多种激素。在这些激素的共同作用下，男人和女人都会感到兴奋、激动。

这类情绪波动被称为心动的感觉。

随着时间的推移，激素水平会慢慢下降到争吵水平，人们会觉得没有原来那种心动的感觉了。

"七年之痒"由此而来。

第七章
维护：当彼此出现嫌隙时

他在说另外一件事情

很多人都说"女人心，海底针"，其实，男人心也是海底针。

男人并不总是直来直往，为了表达自己的情绪，有时他们也会故意说些含有潜台词的话。

或许你以为他在说某件事，其实，他说的却是另一件事。他说着东，却想着西，是夫妻隔阂的根源。读不懂男人的"潜台词"，你们的沟通之路将会布满荆棘。

那么，男人为什么会选用"潜台词"来表达自己的心思？

其实很多时候，男人选择说"潜台词"是因为他们拉不下脸面直接说，只能拐弯抹角地说。男人都好面子，有些话，他们难以启齿，只能借着旁物来传达自己的心声。结果，女人有时并不能顺利通过他们的"潜台词"听取他们的真实意愿。夫妻矛盾由此而生。

还有的时候，男人们选择说"潜台词"是因为他们厌倦了继续沟通的状态。无休止的沟通，总会令人感到厌烦、不适，为了堵住女人的嘴，男人可能就会说一些能够满足你的想法的反话。其实，不管对方的嘴能否被顺利堵住，这种处理方式都是不妥当的，是一种消极回避。不及时处理这种情况，夫妻间就容易产生厚厚的隔阂。

虽然有话直说是最好的解决办法，但男人最看重自己的面子问题，要求他们不再说"潜台词"，未免有些强人所难，毕竟就连女人自己也经常用"潜台词"来传达自己的心声。

怎么办？要想破解男人的"潜台词"，就要先了解男人常用的潜台词。

第一类"潜台词"：求和潜台词。

在婚姻里，争吵与矛盾在所难免。当争执不下或发生冷战时，如果没人愿意踏出一步求和，夫妻关系就会陷入僵局。很多时候男人也愿意去担任求和的角色，只不过，受面子的困扰，会纠结于"如何求和才能显得比较体面"这个问题上，继而会说："我这有两张电影票，我们去看看电影吧！""今晚我煮饭吧！""先喝口水吧！"……这些话背后蕴含的是："放下争吵和冷战，我们和好吧！"这时候，他们虽然没有直接求和，也已经从心里向你服软了。

第二类"潜台词"：犯错潜台词。

在人生旅途中，每个人都会犯错，"粗神经"的男人更是如此。碍于自尊，每当犯错时，他们总会用旁敲侧击的方式来向女人认错并表达自己的歉意。他们可能会说："这件事你也有不对的地方。"表面上看起来女人有不对的地方，但是这个"也"字也透露出了一个重要信息："我确实错了！"

当然，还有另一种情况：男人不想继续争吵了。一个男性朋友就经常用反话来堵住妻子的嘴："好了，我的错行了吧！""你说我的错，就是我的错。""你说是对的，就是对的。"……嘴上说着是他的错，心里却

第七章
维护：当彼此出现嫌隙时

并不是这么想的。其实，他是在向对方表达不满："实在是太烦人了！停止你的喋喋不休吧！我已经不想再吵了！"

第三类"潜台词"：安静期潜台词。

男人总需要一段安静的时间来独立思考一些问题，如果妻子聒噪不停，他们就会觉得妻子不理解自己，为了争取片刻安宁，避开妻子的追问，他们很可能会这样说："我们改天再说。""我习惯自己面对问题。""我需要一点时间消化。"……男人下了"逐客令"，其实就是要告诉你："我不想再听下去了。"

不过，了解了男人常见的"潜台词"后，如何应对又是一道难题。

读懂男人的"潜台词"很重要，处理好男人的"潜台词"更重要。面对男人的委婉屈服，当他向你提出"我们去看电影吧""你先喝口水""今晚我煮饭吧"时，一定要见好就收。既然他已经向你抛出了橄榄枝，不管你当时有多生气，都不能毫不领情地甩掉这枝求和的橄榄枝。你可以摆出一副小女人的模样回应："看什么电影？""我要温开水！""新米煮饭好吃点！"……顺着台阶下，给他留面子。

当男人犯错并认错时，你要及时平复心情，收住指责的话，不要急着在这个时候把事情的是非黑白理清楚。因为，当他说出这类话时，内心早已对是非辩驳产生厌倦。但是，放任不管也不是一个好选择。要知道，夫妻最不能有的就是隔夜仇。

这时候，最好不要大吵大闹，也不要揪住对方的过错不放，要心平气和地向他传达你的感受："我因为……而感到不开心。""这种事情让我觉得……"引导他说出自己的感受,帮助你们体会对方的感受,快速从恶性循环中走出来,快速解决矛盾。

面对男人所说"我们改天再说""我习惯自己面对问题""我需要一点时间消化"时,简简单单一句"好吧",足以应对所有的问题。这时候,你说得越多,他就会越反感,还不如爽快地结束话题,给他腾出一段安静的时间。

在特定的时候,男人也会拐弯抹角,声东击西。听不懂他的"潜台词",夫妻沟通就容易陷入恶性循环,这对良好的夫妻关系建设,无疑是沉重一击。所以,聪明的女人都能听懂他的言外之意。

相关链接

夫妻为什么不能有隔夜仇?

面临矛盾时,许多夫妻都觉得"睡一觉就好了"。但是,有专家指出,不及时处理矛盾,一觉醒来后,就会体会更加难以抑制的不良记忆。

为了证实这一猜想,研究者们组织了一次实验:参与实验的志愿者对一组配对的图片(中性表情配对令人厌恶的画面)进行记忆,等他们牢记图片的配对关系后,只要一看到中性表情,就会自然联想起令人厌恶的画面。这时,专家就会要求他们在看到中性表情时,抑制自己大脑回忆令人厌恶的画面。同时,研究者还对他们睡前、醒后的脑活动进行了观测，结果表明，当被实验者有意识地抑制回忆时，相关的神经回路会集中在海马体；当他们进入睡眠时，这些神经回路会分散到大脑皮层。这种转移，会增加人们抑制反感情绪产生的难度。

可见，想通过"睡一觉"来化解矛盾是不明智的。

提示：好先生就没有暴力基因吗

家庭暴力，让每个女人都感到很恐惧。

与家暴成瘾的男人成婚，是一件非常危险的事情。所以，女人总希望自己能早日认清身边那个男人的真面目，避免受到家暴伤害。于是，许多专家纷纷推出了所谓"家暴脸"理论作为参考。然而，确实有所谓的"家暴脸"存在吗？文化水平、经济水平以及道德素质水平，真的是衡量是否会出现家暴的标准吗？"好男人""好先生"就没有暴力基因了？如果你认为答案是肯定的，就大错特错了。

其实，好先生的身上同样存在暴力基因。从古至今，雄性动物都是力量的象征。在原始时代，男人需要肩负起保卫家园、狩猎打猎的职责，需要迅速强大起来，用武力与外界抗衡。他们要凭借自己的拳头和武器打过外敌，杀掉野兽。

社会历史学家研究指出，有三处地方的男人不暴力，即塔希提的男人、古希腊克里特岛的男人以及马来西亚的瑟买的男人。而生活在这三处的男人，无一例外都是这种生活条件：食物充足、水分充足、生命安全得到保障。也就是说，当食物水分不足或生命受到威胁时，暴力是男人不二之选。

不采取暴力手段，他们就会失去有利的生存条件，最终死去。

所以，暴力基因是每个男人内心深处休眠的火山。后来，随着社会进步，外敌、野兽渐渐变得不足为惧，男人身上的暴力基因也慢慢被掩盖起来了。可是，掩盖不等于消失，只不过他们能很好地控制自己使用暴力的念头罢了。

当然，这并不意味着承认暴力的合理性。相反，女人更要问问自己：同样都具有暴力基因，为什么有的男人会发动家庭暴力，而有的男人不会？从心理学的角度来说，男人发动家庭暴力是因为他们无法控制情绪，以至于暴露了自己的原始兽性。

每一个男人都可能化身暴力的恶魔，女人不要试图用自己的包容去宽恕使用暴力的男人。因为，家庭暴力有一就有二，甚至会有无数次。

其实，人类的关系就是一种彼此试探底线的关系。当男人第一次对你挥出拳头时，他或许会感到懊恼、忏悔，也可能会低声下气地向你乞求原谅，而你轻易地原谅他，你的悲剧就开场了。因为对于他来说，暴力行为毫无代价，成本划算，只是一句轻飘飘的"对不起""原谅我吧""下次再也不会了"就可以挽回你的心。

暴力行为的不断出现，根源就是你最开始的轻易原谅。不要以为这是大度，这其实是一种纵容。有个女人就是因为一再的宽容让自己堕入万劫不复的深渊。家庭暴力第一次发生的情形是这样的：

女人多问了几句丈夫的求职情况，饱受压力的丈夫就怒火中烧，举手给了她一巴掌。她惊呆了，当场哭了起来。

丈夫看到这个情况，连忙道歉："对不起，我压力实在太大了，才对你做出这样混账的举动。你原谅我吧！我再也不会了！"

女人很善良。她知道丈夫饱受失业压力的折磨，便抹了抹眼泪，原谅了他。结果，从那以后，第二次、第三次家庭暴力陆续到来，丈夫下手越来越重，最后一次甚至把她打得重伤入院。

反观丈夫每次家暴后的表现，与第一次求原谅的做法、表情如出一辙。女人彻底死心，向丈夫提出了离婚。

她知道，纵容丈夫的暴力行为不是善良，而是懦弱！案例中，这个丈夫其实很脆弱，他对妻子拳脚相加不过是为了掩饰自己的无助和失败。失业，让他对自我的评价很低，迫切需要用暴力来证明自己的能力与权利。第一次打妻子时，他也感到害怕，但妻子并没有离开他，他就变得更加肆无忌惮，以为殴打妻子后只需要低声下气，就能求得原谅。

在面对家庭暴力时，受害者的态度与举动很重要。一味地忍让，只能告诉施虐方：你可以继续使用家庭暴力，无论如何，我都会原谅你！这种做法不会换来和平和幸福，只会换来施虐方的变本加厉。所以，当第一次受到家庭暴力时，即使只是小小的一巴掌，我们也必须坚决说"不"！

有些女人受传统观念影响，认为家暴是家丑，不可外扬，便选择了忍气吞声。殊不知，这种做法只会助长家暴之气。让施虐者得到惩罚，是被害者的职责，要让施暴者知道：家庭暴力是要付出代价的！

相关链接

男人和女人的攻击性不存在差异

所谓攻击性,指的是对他人造成伤害的行为倾向。攻击性强的人更倾向于用暴力解决事情。

在社会中,人们普遍认为男人比女人更具攻击性,就连男人自己也这么认为。他们觉得男性比女性具有更强的攻击性,以及更显著的攻击行为。

男女之间存在着天然的力量差异,但是,攻击性的定义并不在于实际造成伤害,它与力量大小无关。科学证明,面对挑衅时,男女的攻击性几乎不存在差异。也就是说,在挑衅情境下,男女都存在攻击性,有时女人的攻击行为甚至还可能比男人强很多。例如,她们可能会摔东西、语言攻击、殴打家人等。